Werte und Wege für ein positives Leben

Dr. Ulrich Landwehr

WERTE UND WEGE FÜR EIN POSITIVES LEBEN

Copyright © 2017 Ulrich Landwehr
Umschlaggestaltung: Ulrich Landwehr

Herstellung und Verlag:
BoD - Books on Demand, Norderstedt
ISBN 9783743191624

Mit Dank

für meine Eltern

*und
für alle anderen,
die mir in meinem bisherigen
Leben geholfen haben*

recht nützlich

heiter weiter

mit Verstand und Anstand

INHALT

EINLEITUNG

TEIL 1: WERTE FÜR EIN POSITIVES LEBEN
Bewusstsein *Leben* (13, Voraussetzung für Bewusstsein - Lebenszyklus) *Ich* (14, Bewusstseinsinhalte - Zentralität des Bewusstseins)
Bewertungen und Werte *Bewertungen* (16, Bewertungsreflex - Emotionen - Wünsche - Liebe) *Werte* (19, Wertespektrum - Wertefindung)
Wohlergehen *Zufriedenheit* (21, Freiheit von Leid - Harmonie im Bewusstsein - Flow - Freude) *Fortschritt* (23, Wachstum - Integration) *Lebenssinn* (24, Positive Gegenwart - Schöne Erinnerungen - Hoffnung)
Verstand *Menschlichkeit* (28, Verstand als Wesensmerkmal - Verstand als Gemeinsamkeit - Verstand als Rahmenbedingung - Freiheit des Verstands) *Mündigkeit* (31, Selbst denken - Verstandesgemäße Kritik und Selbstkritik) *Unausweichliche Erkenntnisse* (33, Wandel - Bedingtheit - Kleinheit jedes Einzelnen - Ungewissheit der Zukunft)
Harmonie *Facetten von Harmonie* (38, Einklang mit universellen Prinzipien - Perfektion - Gegenseitige Ergänzung) *Harmonie als verstandesgemäßer Wert* (40, Abhängigkeit von Harmonie - Leid durch Disharmonie) *Harmonie als Herausforderung* (41)
Das Wohl anderer *Das Wohl anderer als verstandesgemäßer Wert* (42, Abhängigkeit des eigenen Wohls vom

Wohl anderer - Mitgefühl) *Das Wohl anderer als Herausforderung* (47)

TEIL 2: WEGE FÜR HARMONIE ZWISCHEN BEWUSSTSEIN, WAHRNEHMUNG UND VERSTAND

Wahrnehmen *Wahrnehmungsbemühen* (50, Aufmerksamkeit - Interesse - Einfühlung) *Objektivität* (51, Realismus - Intersubjektivität - Akzeptanz)

Denken *Abstrahieren* (53, Begriffe - Regelmäßigkeiten - Vereinfachende Abbilder) *Konkretisieren* (55, Erklärungen - Prognosen - Empfehlungen) *Analyse* (57, Zerlegen und sortieren - Sprachanalyse) *Synthese* (58, Systeme - Gleichgewichte - Emergenz)

Intuition *Unterbewusstsein* (61) *Gespür* (62, Sensibilität für Signale - Treffsicherheit) *Heuristische Findungsverfahren* (63)

Erweiterung der eigenen Perspektive *Geistige Beweglichkeit* (64) *Freier Geist* (65) *Universale Perspektive* (66)

TEIL 3: WEGE FÜR HARMONIE ZWISCHEN BEWUSSTSEIN UND KÖRPER

Gesundheitsbewusstsein *Körperverständnis* (67, Körperwahrnehmung - Bedingtheit des Befindens - Biologische Zusammenhänge - Vegetatives Gleichgewicht) *Ressourcenbewusstsein* (69)

Gesundheitsförderung *Stabilisierung von innen* (70, Krankheitsvermeidung - Selbstheilung - Stabilisierende Bewusstseinsaktivitäten - Bewusste Bewegungen - Körpertraining) *Einwirkungen von außen* (74, Ernährung - Wellness - Medizinische Eingriffe)

TEIL 4: WEGE FÜR HARMONIE ZWISCHEN BE-WUSSTSEIN UND WELT: SICH SELBST AUF EIN-KLANG MIT DER WELT AUSRICHTEN

Wertschätzen *Konsum* (78, Kaufen - Verbrauchen) *Würdigung* (80, Positives anerkennen - Staunen - Genießen) *Respekt* (82, Toleranz - Bemühen um Verständnis - Selbstachtung) *Sympathie* (85, Identifikation - Vertrauen - Zuneigung - Wohlwollen)

Unschuld *Kein Leid verursachen* (87, Vorsicht - Rücksicht - Gewaltlosigkeit) *Unverleitbarkeit* (88) *Schuld begleichen* (89)

Eigene Weiterentwicklung *Lernen* (90, Sich qualifizieren - Lernen lernen - Erinnerungen bewahren - Aus der Vergangenheit lernen) *Ressourcen aufbauen* (92) *Sich anpassen* (92, Entsubjektivierung - Sich fügen - Verzicht) *Sich ändern* (95, Selbstreflexion - Weiterentwicklung der individuellen Identität)

TEIL 5: WEGE FÜR HARMONIE ZWISCHEN BE-WUSSTSEIN UND WELT: POSITIV AUF DIE WELT EINWIRKEN

Tugendhaftes Auftreten *Werte repräsentieren* (98, Konsistentes Auftreten - Fairness - Guter Geschmack - Scham) *Selbstdisziplin im Auftreten* (101, Vernünftiges Verhalten - Sorgfalt - Mäßigung - Freundlichkeit - Gute Laune) *Ausstrahlung von Energie* (104, Psychische Stabilität - Psychisches Engagement - Physische Stabilität - Physisches Engagement) *Ausstrahlung von Wissen* (106, Erfahrung - Überzeugungskraft - Weisheit)

Produktivität *Arbeit* (108, Dienst - Als Experte arbeiten - Selbstbestimmt arbeiten) *Effizienz* (110, Wirksamkeit - Wirtschaftlichkeit) *Kooperation* (112) *Erhaltung von*

Positivem (113, Negativem vorbeugen - Negatives bekämpfen - Reparieren)

Kreativität *Innovation, Aufbau und Umbau* (115) *Stil* (116, Design - Lebensstil - Lebenskunst) *Kunst* (118, Originalität - Meisterschaft - Künstlerische Botschaft) *Humor* (119, Harmlose Überraschung - Harmlose kreative Abweichung vom Richtigen)

Altruismus *Hilfsbereitschaft* (123, Not lindern - Versorgen - Überzeugen - Erfreuen) *Freundschaft* (126, Gegenseitige Vertrauenswürdigkeit - Gegenseitige Hilfe) *Gemeinnützigkeit* (128, Soziales Engagement - Mitwirkung in gemeinnützigen Institutionen - Gutes Regieren)

TEIL 6: EINIGE VERWEISE

Lehren aus Asien *Indien* (134, Hinduismus - Yoga) *China* (136, Daoismus - Konfuzius)

Buddhismus *Lehre* (138, Grundlagen - Achtfacher Pfad - Dalai Lama) *Analogien im Westen* (142, Kontakte in der Antike - Stoa - Kant - Schopenhauer - Heidegger - Ökologie)

Christentum *Lehre* (147, Nächstenliebe - Gott) *Kritik* (149, Wunder - Kirchenregeln) *Kompatibilität mit Buddhismus und Gegenwart* (151)

Konflikte und Wandel *Evolution* (152, Hegel - Darwin - Demokratie) *Revolution* (155, Marx - Nietzsche - Totalitarismus)

Weitere Philosophien *Antike* (157, Mythen - Antike Philosophien) *Neuzeit* (160, Neuzeitliche Philosophien - Moderne und Postmoderne)

SCHLUSS

EINLEITUNG

Wie lassen sich Wohlergehen und ein Leben im Einklang mit Verstand, Körper und Welt verwirklichen? Dieses Buch präsentiert eine Perspektive auf Werte und Wege für ein positives Leben, die jeder Leser mit seinen eigenen Vorstellungen von einem guten Leben vergleichen kann. Es skizziert Grundzüge einer ganzheitlichen, konsistenten, systematischen Lebensphilosophie, die auf ein erfreuliches Leben abzielt. Dabei geht es eher um Vorschläge als um Ratschläge. Jeder, der sich dafür interessiert, kann hier Ansatzpunkte für eine Betrachtung seiner eigenen Lebensphilosophie finden. Thematisiert werden unter anderem Wahrnehmen, Denken, Intuition, geistige Beweglichkeit, Gesundheit, Wertschätzung, Unschuld, eigene Weiterentwicklung, Tugend, Produktivität, Kreativität und Altruismus.

Neben einer Perspektive auf ein positives Leben, wie sie dieses Buch präsentiert, sind natürlich auch andere Perspektiven auf ein positives Leben möglich. Zum einen unterscheiden wir uns in unseren Vorstellungen davon, was wir positiv finden. Zum anderen haben wir unterschiedliche Vorstellungen davon, wie wir zu einem positiven Leben gelangen können, selbst wenn wir uns einig sind, worin es besteht. Das Buch ist also keine Gesamtdarstellung aller erdenklichen Wertvorstellungen und Wege für ein positives Leben, vielmehr kann die Perspektive in diesem Buch gewohnte Perspektiven ergänzen.

Mehr als einzelne kleine Details stehen in diesem Buch ein ganzheitlicher Überblick und ein konsistenter Aufbau im

Vordergrund. Der Inhalt besteht daher zum Teil bereits in der umfangreichen systematischen Gliederung. Insgesamt ist das Buch so aufgebaut, dass erst Werte für ein positives Leben und dann Wege für ein positives Leben betrachtet werden. Bei den Wegen geht es der Reihe nach um Einklang mit Verstand, Körper und Welt. Die Inhalte werden dabei zunächst ohne Bezug auf geistesgeschichtliche Protagonisten präsentiert. Im letzten Teil gibt es dann einige Verweise, die Vergleiche mit prominenten Lehren aus der Philosophiegeschichte ermöglichen. Diese Verweise sind aber nicht als flächendeckende Philosophiegeschichte, sondern vielmehr als ergänzende und abrundende Denkanstöße zu sehen.

Auch wenn die Inhalte in recht abstrakter Form präsentiert werden, wird eine klare, verständliche Sprache angestrebt, die sich am normalen Sprachgebrauch orientiert.

TEIL 1
WERTE FÜR EIN POSITIVES LEBEN

BEWUSSTSEIN

Leben

Voraussetzung für Bewusstsein
Leben ist Voraussetzung für Bewusstsein. Ohne Leben gibt es kein Bewusstsein, kein Wahrnehmen, kein Bewerten, kein Vorstellen, kein Denken, kein Glück oder Leid und keine bewusste Teilnahme am Universum.

Menschliches Bewusstsein ist an einen lebenden menschlichen Körper gebunden mit Organen, Zellen, Genen, Stoffwechsel und essenziellen Grundbedürfnissen wie Wärme, Licht, Luft und Nahrung. Es besteht eine fundamentale Abgrenzung zwischen jedem Lebewesen mit seinem individuellen Körper einerseits und dem Rest der Welt andererseits. Jeder Mensch hat genau ein individuelles Leben und einen individuellen Körper. Man kann aus einem Menschen nicht zwei Menschen und aus zwei Menschen nicht einen Menschen machen.

Lebenszyklus
Jedes menschliche Leben ist nur von begrenzter Dauer und endet mit dem irdischen Tod. Es unterliegt einem Lebenszyklus aus Entstehen, Wachsen und Vergehen und hängt ab von einer Aufrechterhaltung und Verteidigung der Lebensenergie. Überlebensinstinkte helfen, das eigene Leben und die

eigene Zukunftsfähigkeit zu schützen.

Wenn mit der Lebensenergie das Leben eines Menschen erlischt, erlischt auch das Bewusstsein dieses Menschen. Es gibt keine Anzeichen für eine Fortdauer des Bewusstseins nach dem Tod.

Das schließt nicht aus, dass ein Menschenleben über den Tod hinaus Wirkungen auf der Erde nach sich ziehen kann und dass sich in manchen Fällen nachfolgende Menschen zu einer Nachahmung und Fortführung des Wirkens eines Verstorbenen inspiriert fühlen.

Ich

Bewusstseinsinhalte

An der Aktivität unseres Bewusstseins erkennen wir, dass wir leben. Wir sind uns der Aktivität unseres Bewusstseins bewusst. Die Aktivität unseres Bewusstseins begleitet unser Leben. Abgesehen von Zeiten traumlosen Schlafs und der Bewusstlosigkeit gibt es einen kontinuierlichen, die Gegenwart begleitenden Bewusstseinsstrom.

Neben aktuellen Bewusstseinsinhalten gibt es im Gedächtnis gespeicherte historische Bewusstseinsinhalte, die wir ins aktuelle Bewusstsein zurückholen können, indem wir uns an sie erinnern.

Die aktuellen Bewusstseinsinhalte ergeben sich im Zuge aktueller Bewusstseinsaktivitäten: wahrnehmen, sich erinnern, bewerten, sich etwas vorstellen, denken, entscheiden.

Durch das Wahrnehmen von Sinneseindrücken und das Hervorholen von Erinnerungen erhält das Bewusstsein seinen Input. Dieser Input wird vom Bewusstsein verarbeitet, indem Bewertungen vorgenommen werden, Vorstellungen entfaltet werden, in sprachlicher Form Gedanken formuliert werden

und Entscheidungen getroffen werden.
Vorstellungen können auf Basis der Realität oder der Fantasie entstehen. Gedanken können konkret oder abstrakt sein. Und Entscheidungen können das Bewusstsein steuern oder sich in Handlungen niederschlagen. Das Bewusstsein kann sich damit befassen, wie die Dinge sind, wie sie sein könnten und wie sie sein sollten.
Allerdings sind die Kapazitäten unseres Bewusstseins beschränkt. Nur manches dringt in unser Bewusstsein und wird zu einem Teil unseres bewussten Erlebens. Das liegt auch daran, dass sich das Bewusstsein nur sehr eingeschränkt auf mehrere Vorgänge gleichzeitig konzentrieren kann. Das Bewusstsein kann Unterschiedliches zwar in hoher Geschwindigkeit hintereinander, aber kaum gleichzeitig verarbeiten.

Zentralität des Bewusstseins
Unser Leben findet in unserem Bewusstsein statt, zumindest der Teil, den wir davon mitbekommen. Das Bewusstsein ist der Ort, wo wir Wahrnehmungen und Erinnerungen verarbeiten, Glück und Leid empfinden, Fantasien und Gedanken entfalten und unser Leben steuern. Ohne Bewusstsein würden wir nicht wissen, ob wir leben oder nicht. Ohne Bewusstsein gibt es keine Bewertungen, Vorstellungen und Wünsche. Unser Bewusstsein ist somit die Zentrale, der wichtigste Teil, der Kern unseres Lebens. Nur durch unser Bewusstsein haben wir ein bewusstes Leben mit bewussten Aktivitäten.
Da materielle Dinge nicht physisch in unser Bewusstsein dringen können, erlangen sie ihre bewusste Bedeutung durch die immateriellen Wirkungen, die sie im Bewusstsein hinterlassen. Vorgänge außerhalb unseres Bewusstseins beeinflussen unser Bewusstsein. Unser Bewusstsein kann aber über das Auslösen von Handlungen auch das Geschehen außerhalb

unseres Bewusstseins beeinflussen.

BEWERTUNGEN UND WERTE

Bewertungen

Bewertungsreflex
Alle fühlenden, mit Bewusstsein ausgestatteten Wesen, Menschen wie Tiere, reagieren fortwährend mit Bewertungen auf die von ihnen wahrgenommenen Reize. Das neurochemische System reagiert auf Reize automatisch mit Bewertungen. Unser Bewusstsein unterscheidet ständig alles, was zu ihm vordringt, in Positives und Negatives. Alle Phänomene werden bewertet, manche besser, manche schlechter. Bewerten ist eine Basisabstraktion, die die Welt in Positives und Negatives einteilt. Manche Phänomene finden wir gut, erfreulich und schön, andere finden wir schlecht, unerfreulich und unschön. Und in einer dritten Gruppe sammelt sich ein Rest, bei dem unser Bewertungssystem keine klaren Signale produziert und wir uns hinsichtlich der Bewertung unsicher sind.

Emotionen
Emotionen sind der impulsive, reflexhafte, vorübergehende physische Ausdruck von Bewertungen. Sie sind die Körpersprache der Bewertungen. Positive Emotionen sind physischer Ausdruck positiver Bewertungen. Negative Emotionen sind physischer Ausdruck negativer Bewertungen. Behagen und Unbehagen kann man sowohl Menschen als auch Tieren oftmals leicht ansehen. Emotionen können allerdings auch willentlich unterdrückt oder willentlich simu-

liert werden.

Im Zuge von Emotionen werden physische Energien aktiviert und freigesetzt. Emotionen können so von Bewertungen zu Handlungen überleiten. Andererseits verbrauchen Emotionen auch Energien und können sich mit der Zeit erschöpfen.

Oft kommt es bei Emotionen zu einer Selbstverstärkung, indem Emotionen die zugrunde liegenden Bewertungen verstärken. Positive Emotionen können sich zu Euphorie steigern. Negative Emotionen können sich zu Deprimiertheit verdichten. Gelegentlich können Emotionen allerdings auch ins Gegenteil umschlagen.

Menschen unterscheiden sich im Grad ihrer Emotionalität. Hinzu kommt, dass man in manchen Situationen emotionaler ist als in anderen. Die Stärke einer Emotion hängt nicht zuletzt davon ab, wie bedeutsam oder kritisch das die Emotion auslösende Phänomen für das eigene Leben ist.

Es gibt im Wesentlichen eine positive Emotion: Freude. Zum Ausdruck von Freude gehören gute Laune, Heiterkeit, Strahlen, Lächeln und Lachen.

Die zentrale negative Emotion ist der Ausdruck von Schmerz. Angst ist Schmerz bei Gefahren wie Veränderungen, Erstarrung, Vereinsamung oder Vereinnahmung. Ärger ist Schmerz angesichts enttäuschter Wünsche. Und Trauer ist Schmerz bei einem Verlust von Positivem.

Wünsche

Aus unseren aktuellen und historischen Bewertungen ergeben sich Wünsche und Ziele für die Zukunft. Gegenüber dem, was wir positiv finden, empfinden wir Zuneigung, und wir wünschen uns, dass es mehr davon gibt. Und gegenüber dem, was wir negativ finden, empfinden wir Abneigung und wünschen uns, dass es weniger davon gibt.

Wenn wir unterschiedliche Möglichkeiten für die Zukunft einer vergleichenden Bewertung unterziehen, konkretisieren sich unsere Wünsche und es ergeben sich Vorlieben und Prioritäten. Manches wünschen wir mehr als anderes. Indem Bewertungen zu Wünschen führen, steuern sie unser Verhalten.

Unterscheiden lassen sich Wünsche insbesondere auch danach, ob sie egoistisch oder altruistisch sind. Während egoistische Wünsche auf das eigene Wohl abzielen, geht es bei altruistischen Wünschen um die Mehrung des Wohls anderer.

Gier ist der egoistische Wunsch, selbst mehr zu haben. Und Hass ist der Wunsch, dass andere weniger haben. Wenn Gier und Hass in Kombination auftreten, äußert sich dies in dem Wunsch, dass eine Umverteilung stattfindet, bei der man selbst Positives erlangt, das zuvor anderen genommen wird.

Liebe

Sehr positive Bewertungen sind gleichbedeutend mit Liebe. Wir lieben, was wir sehr positiv finden.

Auf ein Objekt unserer Liebe konzentrieren wir mitunter in so hohem und uneingeschränktem Maße positive Bewertungen, dass wir negative Facetten dieses Objekts oder positive Facetten anderer Objekte ausblenden. Was wir lieben, hat Priorität, andere Interessen und Wünsche treten in den Hintergrund.

Liebe verursacht den starken Wunsch und somit das Begehren, dass es mehr von dem gibt, was wir lieben. An sich ist Liebe nicht egoistisch und unabhängig von Besitz. Liebe kann aber den egoistischen Wunsch, das Geliebte zu besitzen, und somit besitzergreifendes Begehren und Gier anfachen.

Werte

Wertespektrum
Jeder bewertet anhand seiner eigenen subjektiven Bewertungsmaßstäbe. Unterschiedliche Menschen haben unterschiedliche Bewertungsmaßstäbe. Es gibt ein großes Spektrum an möglichen Werten und entsprechend ein großes Spektrum an Phänomenen, die zumindest von einzelnen Menschen positiv bewertet werden.

Zu den üblichen, von vielen Menschen geschätzten und oft auch im Rahmen von Erziehung vermittelten Werten zählen unter anderem Gesundheit, Schönheit, Wahrheit, Freundschaft, Freude, Frieden, Freiheit, Liebe, Erfolg, Reichtum, Sicherheit, Lebendigkeit, Perfektion, Luxus, Macht, Ansehen und so weiter.

Neben den üblichen Werten gibt es auch unübliche Werte, spezielle Vorlieben, Steckenpferde, Hobbies oder andere fixe Ideen. So wären manche Menschen sogar bereit, ihr Leben zu riskieren, um zum Mars zu fliegen.

Manches, was von einigen positiv bewertet wird, hat auch mit intensiver Gruppendynamik und dem eigenen Status in Gruppen zu tun: Selbstdarstellung, Klatsch und Tratsch, Partys, Prominenz, gemeinschaftlicher Rausch.

Das breite Spektrum möglicher Werte hat zur Folge, dass man sich täuschen kann, wenn man seine Vorstellungen auf andere projiziert und unterstellt, dass sie dasselbe positiv finden und wünschen wie man selbst.

Wertefindung
Welche Form das Wertesystem eines Menschen im Laufe der Zeit annimmt, unterliegt vielfältigen Einflüssen. Bei der Entfaltung des eigenen Wertesystems spielen verschiedene

Faktoren eine Rolle. Zum einen gibt es physische Bedürfnisse, Triebe, Impulse, Instinkte und Reflexe. Zum anderen kann jeder Mensch über seine Werte nachdenken und sich fragen, welche Werte gemäß Wahrnehmung und Verstand zu Wohlergehen führen und welche nicht. Des Weiteren können Werte durch gute oder schlechte Erfahrungen verfestigt oder infrage gestellt werden. Man kann seine Wertvorstellungen auch an Vorbildern, Vorurteilen, Autoritäten und dem, was andere predigen, ausrichten. Schließlich ist es prinzipiell auch möglich, die Seiten eines Würfels mit unterschiedlichen Werten zu beschriften und das Ergebnis des ersten Wurfs zu akzeptieren und zu verinnerlichen.

Unsere Wertvorstellungen können sich im Laufe der Zeit ändern. Jeder kann seine Meinungen ändern. Individueller und gesellschaftlicher Wertewandel ist zwar in der Regel ein langsamer Prozess, aber durchaus möglich.

Jeder Mensch ist aber zumindest insofern frei in seiner Wertefindung, als er von keinem anderen Menschen zur Übernahme vorgegebener Werte gezwungen werden kann.

WOHLERGEHEN

Das Streben nach Wohlergehen und damit auch nach Freiheit von Leid ist eine Gemeinsamkeit aller fühlenden Wesen. Wohlergehen ist für alle der wichtigste Wert. Im Leben geht es primär um Wohlergehen. Wohlergehen ist Selbstzweck und nicht Mittel zum Zweck.

Zufriedenheit

Freiheit von Leid
Alle fühlenden Wesen möchten frei sein von Leid. Niemand wünscht sich Negatives. Alle wollen frei sein von Unwohlsein, Unbehagen, Schmerzen, Not, Elend, Qual, Mangel, Erschöpfung, Unannehmlichkeiten, Krankheit und Verlust von Positivem. Aber auch wenn niemand leiden möchte, bleibt doch niemand ganz von Leid verschont.

Harmonie im Bewusstsein
Innere Harmonie innerhalb unseres Bewusstseins liegt vor, wenn wir unsere Bewusstseinsinhalte positiv bewerten und in unserem Bewusstsein positive Bewertungen klar gegenüber negativen Bewertungen dominieren.
Harmonie im Bewusstsein bedeutet Wohlbefinden. Bei Harmonie im Bewusstsein fühlen wir uns wohl, fühlen wir uns gut, bejahen wir unser Leben, empfinden wir Lebensqualität, haben wir ein Wohlgefallen an unserem Leben und ein positives Lebensgefühl. Wir sind dann in positiver Stimmung, haben gute Laune, bewerten die Gegenwart und unsere aktuelle Gemütsverfassung als positiv und angenehm, sind mit uns im Reinen und akut wunschlos.
Zu innerer Harmonie gehört innerer Frieden, innere Aufgeräumtheit, ein ausgeglichenes Gemüt und eine Abwesenheit von Widersprüchen und kognitiven Dissonanzen im Bewusstsein. Negative Vorstellungen und Gedanken, Bitterkeit, Überdruss und Missmut sind dann nicht präsent.
Zur inneren Harmonie gehört auch eine Freiheit von Bedrückung und Sorgen, ein Gefühl von Sicherheit und Geborgenheit und ein daraus resultierendes Vertrauen in die Beständigkeit des eigenen Wohlbefindens.

Flow
Flow liegt vor bei einer positiven Bewertung der aktuellen Beschäftigung. Wenn wir zufrieden sind mit dem gegenwärtigen Ablauf unseres Tuns und in unserer Tätigkeit aufgehen, befinden wir uns im Flow. Bei Flow wird der Weg zum Ziel und Probleme, die wir vielleicht in anderen Lebensbereichen jenseits unserer aktuellen Aktivität haben, treten in den Hintergrund. Wir vergessen Negatives, empfinden weder Langeweile noch Überlastung und sehen uns auf einem positiven Weg. Wir identifizieren uns mit unserer Tätigkeit und verspüren Arbeitsfreude. Was uns akut vorantreibt, ist dann die Zufriedenheit mit dem Ablauf und nicht vorrangig die Aussicht auf ein positives Ergebnis.

Voraussetzungen für Flow sind, dass man bei seiner Tätigkeit ohne äußeren Zwang selbstbestimmt seinen eigenen Werten folgen kann, dass man überzeugt ist von dem, was man tut, dass man seine Fähigkeiten einbringen und sich somit weiterentwickeln kann, dass ein angenehmes, freundliches, störungsfreies Arbeitsumfeld vorliegt, geeignete Hilfsmittel verfügbar sind und effiziente Methoden zum Einsatz kommen.

Freude
Freude ist der physische Ausdruck positiver Bewertungen und äußert sich in guter Laune, fröhlicher Miene, Heiterkeit, Strahlen, Lächeln oder Lachen. Man strahlt Lebendigkeit und Lebensfreude aus und zeigt, dass man vergnügt ist und Spaß hat. Freude ist eine impulsive Reaktion auf positive Auslöser: schöne Erlebnisse, Erfolge und eine Erfüllung von Wünschen. Auch Erleichterung kann erfreuen.

Zur Freude gehört auch Mitfreude. Man kann sich von der Freude anderer anstecken lassen und mit eigener Freude andere mitreißen.

Freude entfaltet positive Wirkungen. Sie verleiht Energie und treibt an. Wenn man Freude ausstrahlt, kann man kaum gleichzeitig negative Stimmung verbreiten.

Fortschritt

Fortschritte, Verbesserungen und positive Entwicklungen tragen zum Wohlbefinden bei. Wenn wir von einem gegebenen Istzustand zu einem erwünschten Sollzustand vordringen, wenn die Verwirklichung von Positivem gelingt und wir Negatives, Mangelhaftes oder Unüberzeugendes hinter uns lassen, verursacht dies Zufriedenheit. Wenn Wünsche und Sehnsüchte erfüllt werden, die Umsetzung von Plänen gelingt, sich Rahmenbedingungen unseres Lebens verbessern, Erfolge eintreten, eine Annäherung an Ziele und Ideale erfolgt, eine Transzendenz vom Negativen zum Positiven stattfindet, dann gibt dies unserem persönlichen Befinden Auftrieb. Dann spüren wir, wie unser Leben besser und schöner wird.

Fortschritt ist Entwicklung in die richtige Richtung. Solange man sich darüber im Klaren ist, in welche Richtung es gehen soll, hat man meist auch eine Chance voranzukommen. Egal wie schlecht die Ausgangslage ist, oft ist zumindest ein bisschen Fortschritt möglich. Selbst in einer Sackgasse kann sich durch Umkehr eine Chance für neuen Fortschritt bieten.

Wachstum

Eine Form von Fortschritt ist Wachstum. Positives zu vermehren und zu vergrößern, Positives hinzuzugewinnen, aus wenig Positivem viel Positives zu machen, ist erfreulich.

Wachstum beinhaltet Erweiterungen des eigenen Horizonts, ein Betreten von Neuland, eine Verwirklichung von Neuem, eine Nutzung bisher ungenutzter Möglichkeiten und ein Erreichen von bisher Unerreichtem. Wachstum besteht auch in einer Erhöhung der Nachhaltigkeit des eigenen Wirkens. Unser positiver Einfluss wächst, je zahlreicher und beständiger die positiven Spuren sind, die wir hinterlassen.

Um zu wachsen, kann es erforderlich sein, Einschränkungen zu überwinden, Grenzen zu überschreiten und sich über Gewohnheiten hinwegzusetzen.

Integration

Eine andere Form von Fortschritt ist Integration. Wenn wir uns in etwas Positives integrieren, Teilhabe an etwas Positivem oder überhaupt eine positive Teilnahme am Universum und am Leben verwirklichen, dann trägt das zu unserem Wohlbefinden bei. Dazu gehören eine harmonische Teilhabe an der Gesellschaft mit positiven Verbindungen zwischen uns und den anderen sowie eine Partizipation am gesammelten Wissen der Menschheit.

Integration mildert die Trennung und den Dualismus zwischen dem Ich und allem, was das Ich umgibt. Integration ändert zwar grundsätzlich nichts an der Individualität jedes Einzelnen, hilft aber die Grenzen, die jedes Individuum von seiner Umwelt trennen, konstruktiv zu überbrücken.

Lebenssinn

Ein Empfinden von Lebenssinn äußert sich darin, dass man sein Leben positiv bewertet, sein Leben schön, gut, erfreulich und lebenswert findet, Lebensqualität verspürt und sein Leben bejaht.

Dem eigenen Leben kann auch durch andere Menschen Wert und Sinn zugemessen werden. Daraus folgt aber nicht unbedingt, dass man selbst in seinem Leben Wert und Sinn sieht. Dass unser Leben darüber hinaus aus einer übermenschlichen, kosmischen Perspektive jenseits der Wertvorstellungen der Menschen einen Wert hat, würde voraussetzen, dass ein überirdischer Beobachter und Bewerter existiert. Dafür gibt es aber keine Anzeichen.

Positive Gegenwart
Jeder, der sein Leben hier und jetzt schön findet, kann sich freuen. Er steht gerade auf der Sonnenseite des Lebens, befindet sich im Einklang mit seinem Verstand, seinem Körper und seiner Umwelt, ist ein Glückspilz und Günstling des Schicksals. Für ihn hat das Leben gerade einen Sinn und verläuft im Einklang mit dem Universum. Jeder kennt solche Momente und Phasen des Glücks. Glück kommt vor.
Allerdings ist niemand ständig glücklich und findet sein Leben pausenlos schön. Manchmal ist die aktuelle Lage positiv, manchmal auch nicht, und es gibt Zwischenzustände zwischen Glück und Leid. Im Laufe jedes einzelnen Tages gibt es Positives und Negatives, und es gibt bessere und schlechtere Jahre. Fortschritte und Rückschläge treiben Schwankungen in der Bewertung der Gegenwart an. Anhaltender, vollkommener innerer Frieden ist unerreichbar. Niemand wird gänzlich von Leid und Enttäuschung verschont. Momente der Sinnlosigkeit sind etwas ganz Normales.
Allerdings können wir in der Gegenwart beeinflussen, wie sich die Gegenwart weiterentwickelt. Was früher Gegenwart war, wirkt ein auf das, was heute Gegenwart ist, was wiederum darauf einwirkt, was später Gegenwart sein wird.
Letztlich verbringen wir unser Leben stets in der Gegenwart. Das Aufrechterhalten einer positiven Gegenwart über die Zeit

hinweg ist somit ein ziemlich effektiver Weg für ein positives Leben.

Schöne Erinnerungen

Schöne Erinnerungen auf Basis erfreulicher Erlebnisse und positiver Lebenserfahrungen sind ein wertvoller spiritueller Besitz, ein spirituelles Privatvermögen. Wer etwas hat, an das er sich gerne erinnert, verfügt über eine dauerhafte Quelle für Freude und inneren Frieden. Eine positive Vergangenheit hat somit positive Wirkungen bis in die Gegenwart und die Zukunft hinein. Umso wichtiger ist es, sich um eine positive Gegenwart zu bemühen, damit nicht die Zukunft durch negative Erinnerungen beeinträchtigt wird.

Wenn wir positive und negative Erinnerungen gegeneinander aufrechnen, gelangen wir zu einer rückblickenden Gesamtbewertung unseres Lebens. Alles, was im Leben positiv war und sich gut gegenseitig ergänzt hat, trägt zum Sinn, zum Sinnzusammenhang und zur positiven Gesamtbewertung des Lebens bei. Alles, was negativ war, beeinträchtigt hingegen die Lebensbilanz. Für die Lebensbilanz spielt dabei auch eine Rolle, wie wir Positives und Negatives im Vergleich zueinander gewichten und sich die Intensität unserer positiven und negativen Bewertungen unterscheidet.

Neben dem eigenen Wohlbefinden und der eigenen Zufriedenheit mit dem Geleisteten tragen auch Beiträge zum Wohl anderer und somit auch ein für die Nachkommen positives Vermächtnis zu einer positiven Lebensbilanz bei.

Allein aus der Sterblichkeit ergibt sich nicht, dass das Leben sinnlos ist. Sterblichkeit und Tod ändern nichts daran, ob man sein Leben schön fand oder nicht.

Ein Leben kann allerdings auch misslingen. Die Lebensbilanz kann negativ ausfallen, und man kann zu dem Ergebnis kommen, dass man sein Leben grässlich fand. Wenn dies die Folge eigener Entscheidungen ist, dann hat man sein Leben aktiv verwirkt.

Hoffnung

Hoffnung ist die Aussicht auf Positives in der Zukunft, eine Vision für eine schöne, positive Zukunft, eine positive Zukunftsperspektive. Hoffnung erwächst aus der Ahnung, der Zuversicht und dem Optimismus, dass wir unser zukünftiges Leben positiv bewerten werden können.

Hoffnung braucht man, wenn man das Leben gerade unschön und leidvoll findet. Durch Hoffnung trotzt man Schmerz, Sorgen und dem Wissen um Risiken und Gefahren.

Basis für Hoffnung ist die Möglichkeit, Chance oder sogar Wahrscheinlichkeit positiver Entwicklungen. Hoffnung gründet sich auf die Erfahrung, dass manche positive Kräfte durch Krisen nicht einfach außer Kraft gesetzt werden, sondern auch in Zukunft Wirkung entfalten werden. Solche positive Kräfte tragen wir zum Teil in uns, und zum Teil wirken sie von uns unbeeinflusst in unserer Umwelt. Zu den Hoffnung nährenden Kräften in uns gehören unser Verstand, unsere Kreativität, unser Wille und unsere körperlichen Energien. Zu Hoffnung machenden Kräften in unserer Umwelt gehören die Hilfsbereitschaft unserer Mitmenschen und die Tatsache, dass es in den Kreisläufen in der Natur neben Abschwüngen meist auch Aufschwünge gibt. Hindernisse und Ursachen von Leid können auftauchen, aber sie können auch wieder verschwinden. Auch eine positive Vergangenheit kann Hoffnung machen auf eine positive Zukunft.

Ob Hoffnung begründet ist oder eher blinden Optimismus darstellt, hängt von den Wahrscheinlichkeiten für positive und negative zukünftige Entwicklungen ab. Und diese Wahrscheinlichkeiten hängen wiederum auch davon ab, wieviel man selbst für eine gute Zukunft tun kann und tut. Je mehr Ressourcen man einbringen kann und auch tatsächlich einbringt, desto eher darf man auf eine positive Zukunft hoffen.

Da es keine Anzeichen für eine Fortdauer des Bewusstseins nach dem Tod gibt, richtet sich ein Hoffen auf eigenes Wohl auf die verbleibende Zeit des eigenen Lebens. Hoffnungen im Hinblick auf das Wohl anderer können aber auch über die eigene Lebensspanne hinausreichen.

Gerade in objektiv schlechten Zeiten wird der Sinn des Überlebens durch die Hoffnung aufrechterhalten, dass sich die Lage vielleicht irgendwie zum Positiven ändern könnte. Hoffnung kann aber auch kollabieren. Negative Kräfte können die Oberhand gewinnen. Wenn man leidet und keine Chance mehr sieht, dem zumindest phasenweise zu entgehen, ist es vorbei mit dem Sinn des Weiterlebens.

VERSTAND

Menschlichkeit

Verstand als Wesensmerkmal

Das menschliche Gehirn mit seinen besonderen Fähigkeiten ist das, was uns zu Menschen macht und uns biologisch am deutlichsten von den Tieren abhebt. Der Verstand umfasst die besonderen Fähigkeiten des menschlichen Gehirns und ist der Wesenskern des Menschen, der Kern der Menschlichkeit, der Kern der Humanität, das typisch Menschliche und die maßgebliche conditio humana. Aus dem Verstand des Menschen ergibt sich die besondere Würde des Menschen.

Der Verstand zeigt sich in der besonderen Befähigung des Menschen zum Denken und Nachdenken. Kernfunktion des Verstands ist das Bilden und Überdenken von Vorstellungen darüber, wie die Wirklichkeit und die Welt beschaffen sind, wie Ursachen und Wirkungen zusammenhängen, was sein könnte und wie man sich verhalten sollte, um erwünschte Effekte zu erzielen.

Durch seinen Verstand ist der Mensch mit dem Bedürfnis ausgestattet, die Welt und sich selbst zu erkennen und zu verstehen. Der Verstand ist darauf ausgerichtet, durch eine Gewinnung zutreffender, brauchbarer Erkenntnisse und eine Ansammlung von Wissen zu einem guten Leben des Menschen beizutragen.

Neben dem Denken umfasst der Verstand weitere mit dem Denken eng verknüpfte, beim Menschen besonders ausgeprägte Fähigkeiten: die Fähigkeit, Wörter und Begriffe zu bilden und sich begrifflicher Sprache zu bedienen, besondere Fähigkeiten beim Ausgestalten von Fantasien, beim Nutzen von Intuition und beim Wechsel der Perspektive und besondere Fähigkeiten beim Speichern von Erinnerungen.

Da der Verstand das Wesensmerkmal des Menschen ist, sind wir im Rahmen unserer Humanität verpflichtet, unseren Verstand auch tatsächlich zu gebrauchen. Wir werden unserem Menschsein nicht gerecht, wenn wir unseren Verstand nicht gebrauchen. Es ist eines Menschen unwürdig, seinen Verstand zu missachten und brach liegen zu lassen. Wir werden unserem Menschsein nur gerecht, wenn wir das Potenzial, die Möglichkeiten und die Leistungsfähigkeit des Verstands ausschöpfen.

Der Verstand legt die Basis für Vernunft. Wenn sich Vorstellungen, gerade auch Wertvorstellungen, unter Einsatz allen Verstands als angemessen und richtig erweisen, dann gelten sie als vernünftig. Und ein Verhalten, das der Verstand als geeignet erachtet, vernünftige Werte zu verwirklichen, gilt ebenso als vernünftig.

Verstand als Gemeinsamkeit
Alle Menschen sind biologisch miteinander verwandt, ähneln sich weitgehend in ihren Genen und verfügen damit über ähnliche Gehirne und ähnliche Voraussetzungen für Verstand. Der Verstand verbindet uns Menschen. Als Gemeinsamkeit der Menschen ist er die Basis der Verständigung zwischen den Menschen. Der Verstand bietet uns besondere Möglichkeiten der intersubjektiven Verständigung, insbesondere auch die Möglichkeit, uns einer gemeinsamen Sprache zu bedienen. Der Verstand ermöglicht somit eine Verständigung auf gemeinschaftliche, von allen anerkannte Vorstellungen und Werte und auf abgestimmtes Verhalten.

Allerdings ist es so, dass unterschiedliche Menschen bei aller Gemeinsamkeit durchaus Unterschiede in der Ausprägung von Gehirn und Verstand aufweisen können, sodass gelegentlich der Eindruck entsteht, dass manche Menschen über mehr Verstand verfügen als andere. Der Verstand kann jedenfalls bei unterschiedlichen Menschen durchaus unterschiedlich arbeiten und zu unterschiedlichen Vorstellungen führen.

Verstand als Rahmenbedingung
Der Verstand ist eine unausweichliche Nebenbedingung und Rahmenbedingung des Menschseins und des menschlichen Lebens. Letztlich kommt man bei der Ausgestaltung seines Lebens am Gebrauch seines Verstands, der Nutzung seines Intellekts und dem Einsatz seiner Denkfähigkeit nicht vorbei. Der Verstand ist das beste Werkzeug des Menschen. Es gibt

kein besseres Hilfsmittel als den Verstand, um sein Leben zu steuern. Der Verstand verdient Anerkennung als etwas Nützliches, und er verdient Vertrauen. Wer ein positives Leben verwirklichen will und sich somit fragt, was er selbst dafür tun kann, kann seinen Verstand nicht einfach ignorieren.

Der Verstand lässt sich auch nicht einfach ignorieren. Er meldet sich immer wieder zurück, selbst wenn man ihn vorübergehend ausgeschaltet oder betäubt hat.

Freiheit des Verstands

Unser Verstand und dessen Aktivität existieren nur in Abhängigkeit von Bedingungen, Einflüssen und Ursachen. Wie unser Verstand arbeitet, wird von unserem Hirnstoffwechsel und unserer Lebensgeschichte geprägt.

Allerdings ist unser Verstand in dem Sinne frei, dass er von unmittelbarer Fremdsteuerung durch andere Personen unabhängig ist. Unsere Handlungsfreiheit kann durchaus recht wirksam durch andere eingeschränkt werden, das gilt aber nicht für die Freiheit unseres Denkens, Wertens und Wünschens und für unsere Meinungsfreiheit. Jeder ist frei, seine Vorstellungen und Werte mit den Mitteln seines Verstands zu prüfen und zu ändern. Jeder ist frei, sich Fragen zu stellen und nach verstandesgemäßen Antworten zu suchen.

Mündigkeit

Selbst Denken

Mündigkeit bedeutet, den Mut zu haben und es zu wagen, selbst zu denken und das Denken nicht anderen zu überlassen. Wer sich mündig verhält, greift zu seinem Verstand, setzt ihn als Werkzeug ein, denkt eigenständig nach und bildet sich ohne Bevormundung durch andere sein eigenes Urteil. Er bemüht sich, die Welt mit seinem eigenen Verstand zu erfassen und zu deuten.

Mündigkeit erfordert Selbstbefreiung und Emanzipation von Bevormundung durch andere und von blindem Vertrauen, blindem Glauben, blinder Loyalität und blinder Gefolgschaft gegenüber angeblichen Autoritäten. Mündigkeit schließt Leichtgläubigkeit aus, und sie beinhaltet eine gute Portion Skepsis gegenüber herrschenden Meinungen und einen ausgeprägten Willen, sich nicht täuschen zu lassen und das eigene Denken nicht von anderen manipulieren zu lassen.

Wer sich mündig verhält, übernimmt Behauptungen und Vorurteile nicht ungeprüft, sondern hinterfragt sie und zweifelt sie an. Er will wissen, ob wirklich stimmt, was behauptet wird, und untersucht alle Behauptungen dahingehend, ob sein Verstand sie überzeugend findet oder ob Abweichungen zu eigenen Wahrnehmungen oder logische Widersprüche zu Tage treten. Selbst denken bedeutet selbst erkennen, wie die Welt funktioniert.

Verstandesgemäße Kritik und Selbstkritik

Im weitesten Sinne stellen alle Bewertungen Kritik dar. Es erfordert allerdings nicht unbedingt Verstand, impulsiv Zustimmung und Ablehnung zu verteilen. Kritik sollte sich jedoch am Verstand orientieren, wenn es darum geht zu unterscheiden, welche Vorstellungen von der Wirklichkeit und der Welt zutreffend und angemessen sind und welche nicht. Zu Mündigkeit gehört dabei nicht nur, die Ansichten anderer mit dem Verstand zu prüfen, sondern auch bei eigenen Ansichten kritisch zwischen Überzeugendem und Unüberzeugendem zu unterscheiden.

Kritische Betrachtung kann zwar dazu führen, dass man eine

bestimmte Weltsicht oder Weltanschauung komplett ablehnt. Oft findet man aber neben einigem, das man ablehnt, auch einiges, dem man zustimmen kann. Kritik hat dann einen konstruktiven Charakter und hilft dabei, fragwürdige Teile zu verwerfen, überzeugende Teile weiter zu entfalten und so insgesamt zu einer vernünftigeren Weltsicht zu gelangen.

Unausweichliche Erkenntnisse

Unsere Wahrnehmung und unser Verstand sagen uns, dass die Wirklichkeit durch einige unabänderliche Grundprinzipien geprägt ist, die wir als Rahmenbedingungen unseres Lebens hinnehmen müssen. Solange wir unseren menschlichen Verstand nicht ausschalten, kommen wir um einige Erkenntnisse und einige grundlegende allgemeingültige verstandesgemäße Vorstellungen nicht herum. Zu diesen verstandesgemäßen Vorstellungen gehört, dass die Welt durch Wandel, eine Abhängigkeit aller Phänomene von Ursachen, eine Kleinheit jedes einzelnen Menschen im Universum und Ungewissheiten im Hinblick auf die Zukunft geprägt ist.

Wandel
Alles, die ganze Welt, alles Seiende unterliegt kontinuierlichem Wandel und kontinuierlicher Dynamik. Sein ist Werden und Vergehen. Die Welt ist zusammengesetzt aus unbeständigen, endlichen Phänomenen.
Die Veränderungsprozesse werden angetrieben durch Energie. Energie tritt in verschiedenen Formen auf, kann von einer Form in eine andere Form umgewandelt werden, bleibt aber immer erhalten und von der Gesamtmenge her konstant. Energie kann nicht aus nichts erzeugt werden und kann nicht im Nichts verschwinden. Da die Gesamtmenge der Energie

über die Zeit konstant ist, gibt es in jedem Zeitpunkt und somit auch in der Gegenwart ein Zusammenwirken sämtlicher Energien. Mit seiner Lebensenergie hat jeder Mensch Anteil an der universalen Energie und kann in der Gegenwart Einfluss nehmen auf die Ausformung des Wandels und so den Wandel wandeln.

Es gibt allerdings keine Möglichkeit, in die Vergangenheit zu reisen und den historischen Lauf der Welt zu ändern. Die Zeit lässt sich nicht zurückdrehen. Jeder Wandel ist irreversibel, was nicht ausschließt, dass ein zukünftiger Zustand Ähnlichkeiten mit einem vergangenen Zustand haben kann und derartige Ähnlichkeiten durch menschliches Verhalten herbeigeführt werden können.

Bedingtheit

Die Wirklichkeit ist geprägt durch die Bedingtheit aller Phänomene. Alle Erscheinungen entstehen in Abhängigkeit von Ursachen. Nichts in der Welt entsteht aus dem Nichts, existiert völlig eigenständig einfach so aus sich heraus und hat einen vom Rest der Welt unbeeinflussten ewigen Kern. Die gesamte Ausprägung der Gegenwart ergibt sich aus einem Fortwirken von Vergangenem, aus Bedingungen in der Vergangenheit.

Auch das Ich und somit unser Bewusstsein mit all seinen Inhalten sind abhängig von Ausgangsbedingungen und haben keinen vom Rest der Welt unbeeinflussten ewigen Kern. So unterliegen unsere Vorstellungen unter anderem vielfältigen kulturellen Konditionierungen.

Aus der Bedingtheit des Ichs ergeben sich Konsequenzen dafür, was unter menschlicher Handlungsfreiheit zu verstehen ist. Menschliche Handlungsfreiheit bedeutet, dass sich unser Handeln primär aus unseren eigenen Entscheidungen ergibt, die bewusst und unter Einsatz unseres Verstands erfolgen können, und nur sekundär aus Vorgaben durch andere Menschen oder Sachzwängen, die nur indirekt Auswirkungen auf unser Verhalten haben.

Das Band, das Ursachen und Wirkungen miteinander verbindet und die Harmonie zwischen Ursachen und Wirkungen repräsentiert, ist die Kausalität.

Zwischen allen Phänomenen im Universum gibt es eine auf Kausalität beruhende gegenseitige Beeinflussung und Interdependenz. Die Wirklichkeit besteht somit nicht aus verschiedenen vollständig voneinander getrennten Bereichen. Sie ist ein einheitliches großes Ganzes mit einer allumfassenden, kontinuierlichen, widerspruchsfreien Verknüpfung aus fließend ineinander übergehenden Ursachen und Wirkungen. Man kann der Wirklichkeit nicht entkommen, indem man sich in eine Parallel-Wirklichkeit begibt. Auch wenn vieles auf den ersten Blick vollständig voneinander getrennt zu sein scheint, ist es auf den zweiten Blick doch irgendwie miteinander verbunden.

Kleinheit jedes Einzelnen

Jeder Mensch ist klein in Raum und Zeit. Jeder Einzelne ist geradezu winzig im Vergleich zum Kosmos mit seinen Galaxien, zu unserem Heimatplaneten Erde, zu den Milliarden von Jahren der Erdgeschichte und zur Dauer der Menschheitsgeschichte.

Jeder Mensch ist nur ein kleiner Teil der Menschheit, nur einer von mehr als sieben Milliarden Menschen und nur eines von unendlich vielen unterschiedlichen Phänomenen.

Die genetische Komplexität des Menschen ist nicht grundsätzlich höher als die von Tieren und Pflanzen. Viele Tiere und Pflanzen verfügen über Fähigkeiten, die beim Menschen

fehlen.
Jeder Einzelne hat nur einen sehr begrenzten Anteil am prinzipiell verfügbaren Wissen und nur einen sehr begrenzten Überblick über die Vielfalt an Informationen, Meinungen, Kulturen und Technologien. Nicht selten lassen wir uns täuschen und machen Fehler. Unsere körperlichen Kräfte sind beschränkt. Wir sind von Umweltfaktoren abhängig, verletzbar und schutzbedürftig.
Kein Mensch ragt so weit hervor, dass er als Mittelpunkt der Welt gilt. Jeder Einzelne hat nur eine dezentrale Position im Universum. Auch wenn manchen Menschen mehr Wertschätzung entgegengebracht wird als anderen, gibt es niemanden, auf den sich alle Wertschätzung konzentriert.
Am krassen Größenunterschied zwischen Ich und großem Ganzen lässt sich auch nichts ändern, indem wir versuchen, uns zu maximaler Größe aufzuplustern. Auch unsere Wachstumsmöglichkeiten sind begrenzt.

Ungewissheit der Zukunft
Die Zukunft ist nur eingeschränkt vorhersehbar. Die Brauchbarkeit von Prognosen hängt stark davon ab, um welche Vorgänge es sich handelt und wie weit man in die Zukunft schauen will.
Bei einigen Systemen ist es immanent, dass sich das Ergebnis nicht vorhersehen lässt. Dazu gehören Würfel und Glücksspiel, aber auch Fortbewegung bei geschlossenen Augen. In solchen Systemen rufen kleine unmerkliche Änderungen in den Ausgangsbedingungen große unkontrollierbare Auswirkungen auf das Resultat hervor.
Dynamische Systeme mit nichtlinearen Zusammenhängen zeigen oft chaotische Verläufe, bei denen sich nur Wahrscheinlichkeiten für mögliche Zustände angeben lassen.

Solche Systeme lassen sich als Zufallsgeneratoren nutzen. Je mehr man sich dagegen im Bereich linearer Zusammenhänge bewegt, desto eher sind brauchbare Vorhersagen möglich.
Selbst bei vermeintlich vorhersehbaren Verläufen gibt es oft Unschärfen mit Wahrscheinlichkeiten für Abweichungen und Ausnahmen, die man vorsorglich einkalkulieren sollte. Das liegt auch daran, dass sich das Spektrum aller relevanten Einflussfaktoren oft nicht in seiner Gesamtheit überblicken lässt und dass es kaum möglich ist, irgendetwas in absolut identischer Weise unter absolut identischen Bedingungen zu wiederholen oder zu reproduzieren.
Auch menschliches Verhalten ist oftmals nur schwer oder auch gar nicht vorhersehbar. Zum einen ändern sich ständig einzelne Rahmenbedingungen, oft in ungeahnter Weise. Zum anderen sind kurzzeitige Kontrollverluste möglich, die mitunter auch zu Unfällen führen können. Des Weiteren kann jeder Mensch Zufallsgeneratoren nutzen, mit dem Zufall spielen und so unvorhersehbares, unberechenbares Verhalten erzeugen. Unvorhersehbares Verhalten eines Menschen wirkt dann wieder wie ein Zufallsgenerator auf das Verhalten anderer Menschen ein.
Erst im Verlauf der Gegenwart wird aus der Ungewissheit der Zukunft die Gewissheit der Vergangenheit.

HARMONIE

Zu Wohlbefinden gehört innere Harmonie innerhalb unseres Bewusstseins, die sich in einer positiven Bewertung unserer Bewusstseinsinhalte äußert. Unser Bewusstsein existiert aber nicht losgelöst von dem, was unser Bewusstsein umgibt. Unser Bewusstsein ist umgeben von unserem Verstand, der in den Fähigkeiten unseres menschlichen Gehirns besteht, von unserem Körper und von unserer Umwelt einschließlich unserer Mitmenschen.

Daher spielt für die innere Harmonie innerhalb unseres Bewusstseins die Harmonie zwischen unserem Bewusstsein und dem, was unser Bewusstsein umgibt, also unserem Verstand, unserem Körper und unserer Umwelt, eine entscheidende Rolle.

Facetten von Harmonie

Wenn Harmonie besteht zwischen unserem Bewusstsein und einem Phänomen, finden wir dieses Phänomen schön. Schönheit ist zwar oft auch eine Frage des Geschmacks. Dennoch gibt es Eigenschaften, die typischerweise dazu beitragen, dass wir Harmonie zwischen uns und Phänomenen mit diesen Eigenschaften empfinden. Es gibt grundlegende Kriterien für Harmonie und Schönheit, die von vielen anerkannt werden.

Einklang mit universellen Prinzipien
Alles, was mit den fundamentalen Grundprinzipen Natur, Leben und Menschsein im Einklang steht, hat eine bessere Chance, dass wir es schön finden, als alles, was unnatürlich, lebensfeindlich und unmenschlich ist.
Es trägt zu Schönheit bei, wenn ein Phänomen im Einklang steht mit Natur, Naturgesetzen, natürlichen Formen, natürlichen Energien wie Licht und Wärme, natürlicher Vielfalt wie Farbenfülle und Formenreichtum und natürlichen Bewegungen wie Fließen, Wachsen und natürlichen Kreisläufen. Eine Natürlichkeit der Umwelt und Nachahmungen von Natur führen eher zu Harmonie zwischen Bewusstsein und Umwelt

als eine Unnatürlichkeit der Umwelt.

Auch alles, was im Einklang steht mit Leben, Wohlbefinden, Gesundheit, Lebensenergie, Lebendigkeit und Sicherheit, gilt meist als schön. Lebensenergie ist besser für Harmonie zwischen Bewusstsein und Körper als Krankheit.

Und es ist schön, wenn etwas im Einklang steht mit Menschsein, Menschenwürde, Menschlichkeit, Vernunft, Widerspruchsfreiheit und Wahrheit. Vernünftiges führt eher zu Harmonie zwischen Bewusstsein und Verstand als Unsinn.

Perfektion

Auch Perfektion finden wir oft schön. Etwas ist perfekt, wenn es in sich so harmonisch ist, dass man es nicht an einigen Stellen verbessern kann, ohne andere Stellen zu beeinträchtigen, und es in vollkommener, vorbildlicher, modellhafter, mustergültiger, formvollendeter Weise grundlegenden Idealen, Prinzipien, Maßstäben und Vorgaben gerecht wird.

Solidität, Gediegenheit, Reinheit, Transparenz, Homogenität, Strukturiertheit und Definiertheit können Zeichen von Perfektion sein. Perfektion erfordert Makellosigkeit, also eine Abwesenheit von Fehlern, Schwächen, beliebigem Beiwerk und anderen wertmindernden Abweichungen.

Perfektion geht verloren, wenn man Perfektes in Teile zerlegt, wenn man beispielsweise einen Kreis in zwei Halbkreise zerlegt.

Gegenseitige Ergänzung

Wenn mehrere Teile zusammengefügt werden, sodass sie gut zusammenpassen und sich harmonisch gegenseitig ergänzen, finden wir dies ebenfalls meist schön. Es erfreut uns, wenn eine Harmonie in der Beziehung mehrerer Teile zueinander deutlich wird, klare Zusammenhänge und Proportionen sichtbar werden, Symmetrien und Muster zu erkennen sind und es zu Resonanzen, geordnetem Zusammenspiel oder stabilen Gleichgewichten kommt.

Bei gegenseitiger Ergänzung ist das Ganze mehr als die Summe seiner Teile. Durch das Zusammenfügen der Teile entsteht dann ein Mehrwert.

Harmonie als verstandesgemäßer Wert

Äußere Harmonien im Körper und in der Welt haben einen positiven Einfluss auf unser Leben und somit einen Wert für unser Wohlergehen. Folglich können wir unser Wohlbefinden verbessern, indem wir etwas für äußere Harmonie tun.

Die Hauptgründe für den Wert äußerer Harmonie in Körper und Umwelt liegen in der Abhängigkeit des eigenen Wohls von äußerer Harmonie und in der Verursachung von Leid durch Disharmonie.

Abhängigkeit von Harmonie

Unser Wohlergehen ist abhängig von einer Harmonie zwischen unserem Bewusstsein und dem, was unser Bewusstsein umgibt, also unserem Verstand, unserem Körper und unserer Umwelt. Und eine solche Harmonie ist wiederum abhängig von einer äußeren Harmonie in unserem Körper und unserer Umwelt.

Wir können ohne ein Mindestmaß an äußerer Harmonie nicht überleben. Ohne ein Mindestmaß an Harmonie in Körper und Umwelt gehen wir mitsamt unserem Bewusstsein zugrunde. Unser instinktives Harmoniebedürfnis speist sich aus dem Wissen, dass äußere Harmonie für unser Überleben notwendig ist.

Wir zerstören uns selbst, wenn wir uns in Disharmonie setzen zu allem, was unser Bewusstsein umgibt. Wer sich in Disharmonie setzt zu allem, was sein Bewusstsein umgibt, schließt sich von einer positiven Teilhabe am großen Ganzen aus, schränkt sich auf sein kleines Ich ein und verschwindet damit in Relation zum großen Ganzen in der Belanglosigkeit.

Leid durch Disharmonie
Innerer Frieden setzt äußeren Frieden voraus. Äußerer Unfrieden führt zu innerem Unfrieden.

Äußere Disharmonien wie Krankheiten, körperliche Beschwerden, Verletzungen, mangelnde Versorgung mit Lebensnotwendigem, Katastrophen, Kriege, Konflikte, Gewalt, Siege Einzelner auf Kosten anderer, Zwang, gesellschaftliche Spaltungen, Streit, Respektlosigkeiten, Belästigungen, Reibungsverluste, fehlender Komfort und Konfrontationen mit Unwahrem oder Hässlichem können bei jedem Einzelnen schnell innere Disharmonie, Unzufriedenheit, inneren Unfrieden und Leid verursachen. Äußere Harmonien in Körper und Umwelt wie Gesundheit und Frieden fördern hingegen innere Harmonie im Bewusstsein.

Unsere naturgegebene Sensibilität für Disharmonien und die reflexartige negative Bewertung von Disharmonien sind ein Frühwarnsystem für Risiken für unser Wohlbefinden.

Harmonie als Herausforderung

Die schiere Vielfalt der Phänomene lässt die Wirklichkeit oft disharmonisch erscheinen. Manches in der Wirklichkeit scheint nicht zusammenzupassen und existiert dennoch nebeneinander. Manchmal lassen sich Harmonien erst auf den zweiten Blick erkennen. Harmonien können anspruchsvoll sein und auch an Stellen präsent sein, die keine schlichte

Schönheit aufweisen. Bei vorsichtiger Dosierung kann manchmal auch in Schrägem Schönes zu finden sein.

Wer durch Kombination unterschiedlicher Elemente überzeugende Harmonien hervorbringen will, den kann die Vielfalt der Kombinationsmöglichkeiten vor große Herausforderungen stellen.

Hinzu kommt, dass Menschen sich in ihren Geschmacksvorstellungen und ästhetischen Bewertungen unterscheiden. Nicht alle finden dasselbe harmonisch. Daher gibt es auch unterschiedliche Stilrichtungen, die zum Teil an verschiedenen Orten nebeneinander existieren und zum Teil im Verlauf der Zeit aufeinanderfolgen. Die Schönheitsideale von Romanik, Gotik, Barock, Klassik, Romantik, Moderne und Postmoderne sind durchaus widersprüchlich. Und die Mode einer Saison kann durchaus ein Kontrast sein zur Mode der vorangegangenen Saison.

Aber auch wenn Harmonie oft im Auge des Betrachters liegt, gibt es doch vieles, was von vielen als schön, und auch vieles, was von vielen als unschön angesehen wird. Eine Objektivierung von Harmonie findet zum Teil auch über Marktpreise statt. Was allgemein als harmonisch und schön angesehen wird, hat typischerweise einen höheren Marktwert als etwas, das allgemein als disharmonisch und unschön angesehen wird.

DAS WOHL ANDERER

Das Wohl anderer als verstandesgemäßer Wert

Das Wohl anderer hat oft einen positiven Einfluss auf das eigene Leben und somit einen Wert für das eigene Wohlergehen. Das hat zur Folge, dass wir unser Wohlbefinden verbessern können, indem wir das Wohlbefinden anderer verbessern.

Die Hauptgründe für den Wert des Wohls anderer und somit für das Gebot, sich anständig und moralisch zu verhalten und zum Gemeinwohl beizutragen, liegen in der Abhängigkeit des eigenen Wohls vom Wohl anderer und im Mitgefühl.

Abhängigkeit des eigenen Wohls vom Wohl anderer

Das eigene Wohl ist abhängig vom Wohl anderer. Es beeinträchtigt unser Wohl, wenn es Menschen, die einen positiven Einfluss auf unser Leben ausüben, schlecht geht. Da wir darauf angewiesen sind, dass es Menschen gibt, die für uns Positives tun, haben wir nichts davon, wenn diese Menschen durch Leid geschwächt werden. Wir bewerten das Wohl all derer positiv, deren Wohl unser Wohl positiv beeinflusst.

Das Wohl von Kindern ist vom Wohl ihrer Eltern abhängig. Kinder haben nichts davon, wenn es ihren Eltern schlecht geht. Das Wohl von Arbeitnehmern ist vom Wohl ihres Arbeitgebers abhängig. Arbeitnehmer haben nichts davon, wenn es ihrem Arbeitgeber schlecht geht. Umgekehrt gilt es aber auch: Das Wohl von Eltern ist vom Wohl ihrer Kinder abhängig. Eltern haben nichts davon, wenn es ihren Kindern schlecht geht. Das Wohl von Arbeitgebern ist vom Wohl ihrer Arbeitnehmer abhängig. Arbeitgeber haben nichts davon, wenn es ihren Arbeitnehmern schlecht geht.

Wir hängen in unserem Wohlergehen gegenseitig voneinander ab. Wir hängen ab vom Wohl anderer, die wiederum auf unser Wohl angewiesen sind. Andere haben umso mehr Interesse, unser Wohl zu fördern, je mehr wir ihr Wohl fördern. Wir bekommen umso eher eine Belohnung, je wichtiger wir das Wohl anderer nehmen.

Das Wohl anderer positiv zu bewerten und etwas dafür zu tun, ist eine gute Basis für ein Wohlergehen aller Beteiligten. Dementsprechend ist es auch ein wichtiger Teil der Erziehung zu vermitteln, dass das eigene Wohl vom Wohl anderer abhängig ist.

Es mag sein, dass das eigene Wohl nicht unmittelbar abhängig ist vom Wohl aller anderen, aber es ist abhängig vom Wohl einzelner anderer, deren Wohl wiederum abhängig ist vom Wohl weiterer anderer. Durch die indirekten Abhängigkeiten zwischen sämtlichen Menschen dehnt sich das Interesse am Wohl einzelner anderer aus auf ein Interesse am Gemeinwohl, am Wohl aller.

Jeder Einzelne ist abhängig vom Wohl der Gemeinschaft, in der er lebt, und hat somit ein Interesse am Wohl dieser Gemeinschaft. Das Wohl der Bürger ist vom Wohl des Staats abhängig. Auch das Wohl von Gemeinschaften und Staaten ist vom Wohl anderer Gemeinschaften und Staaten abhängig. Es ist kaum denkbar, dass das Wohl eines Staats nicht negativ betroffen ist, wenn alle anderen Staaten im Chaos versinken.

Gemeinwohl ist somit ein verstandesgemäßer Wert. Es ist verstandesgemäß, sich anständig und moralisch zu verhalten und sich am Gemeinwohl zu orientieren. Hinzu kommt, dass Gemeinwohl der naheliegendste Wert ist, auf den man sich im Hinblick auf ein positives Zusammenleben einigen kann und den man dann gemeinschaftlich vereinbaren kann.

In seiner maximalen Ausdehnung umfasst das Gemeinwohl das Wohl aller fühlenden Wesen, also auch das Wohl der Tiere. Es ist ein verstandesgemäßes Ideal, darauf hinzuwirken, alles Leid einschließlich der negativen Effekte, die es auf uns hat, aufzuheben, also alle fühlenden Wesen von Leid zu befreien.

Insofern Religionen es als Teil göttlicher Offenbarung sehen, vom Einzelnen zu fordern, das Wohl anderer zu achten und sich für das Gemeinwohl einzusetzen, liefert dies eine zusätzliche Stütze für die Moral. In Anbetracht menschlicher Schwächen kann es nicht schaden, wenn Gemeinwohlorientierung nicht nur vom Verstand, sondern auch von der Religion gefordert wird.

Es gibt allerdings eine Einschränkung im Hinblick darauf, dass das Wohl anderer positiv für unser Wohl ist. Denn es gibt Fälle, in denen das Wohl anderer negativ für unser Wohl ist. Es ist nicht gut für unser Wohl, wenn es Verbrechern gut geht. Wenn es anderen umso besser geht, je mehr sie uns schädigen, dann haben wir kein Interesse daran, dass es ihnen möglichst gut geht. Es ist im Interesse jedes Einzelnen, dass es anderen umso schlechter geht, je mehr Übles sie tun. Wenn die Strafe für Verbrechen größer ist als der Nutzen, der sich aus den Verbrechen ziehen lässt, dann nützt uns das, weil andere in ihrem eigenen Interesse auf Verbrechen verzichten. Unser Wohl ist davon abhängig, dass es anderen besser geht, wenn sie auf Verbrechen verzichten. Das Gemeinwohl ist davon abhängig, dass sich niemand dadurch ein schönes Leben machen kann, dass er anderen schadet. Wenn alle ihr Wohl nur steigern können, indem sie anderen nützen und nicht schaden, ist das Wohl aller im eigenen Interesse.

Mitgefühl

Bei allen Unterschieden im Detail gibt es gerade in grundlegenden Merkmalen erhebliche Ähnlichkeiten zwischen den Menschen. Alle Menschen sind miteinander verwandt, haben ähnliche Gene und Grundbedürfnisse und möchten nicht leiden. Angesichts der Ähnlichkeit der Menschen lässt sich nicht ernsthaft argumentieren, dass allein das eigene Wohl

Wert hat, das Wohl ähnlicher anderer aber pauschal wertlos und gleichgültig ist. Vielmehr macht die Ähnlichkeit der Menschen das eigene Wohl und das Wohl der anderen vergleichbar.

Oft ist nicht einmal besonders viel Sensibilität und Intellekt erforderlich, um zu erkennen, was andere Menschen in Anbetracht ihrer Lage fühlen. Mit unserem Einfühlungsvermögen können wir uns oft recht gut in andere hineinversetzen, in anderen wiedererkennen und nachempfinden, was sie fühlen.

Durch Mitgefühl machen wir uns die Gefühle anderer ein Stück weit zu eigen. Wer sich das Leid einer anderen Person wirklich vergegenwärtigt, bleibt von diesem Leid nicht unberührt, bleibt gegenüber diesem Leid nicht gleichgültig, sondern nimmt Anteil an diesem Leid. Neben Mitleid gibt es aber auch Mitfreude. Wer die Freude eines anderen Menschen mitempfindet, beteiligt sich an dieser Freude.

Mitgefühl bewirkt, dass uns das Wohl anderer erfreut und das Leid anderer betrübt, auch wenn wir vom Wohl dieser anderen nicht unmittelbar oder in besonderem Maße abhängig sind.

In erweiterter Form bedeutet Mitgefühl, dass man nicht nur das Wohl und Wehe anderer nachempfindet, sondern auch die Ursachen dafür nachvollzieht. Wenn man die Bedingtheit der Lage jedes Einzelnen erkennt, dann erleichtert dies Mitgefühl auch in Fällen, wo man eher Unterschiede als Ähnlichkeiten zwischen sich und den anderen sieht.

Für das Wohl anderer kann im Detail durchaus etwas anderes gut sein als für das eigene Wohl. Es ist daher ein wenig vereinfachend, wenn man sagt: Was du nicht willst, dass man dir tu, das füg auch keinem andern zu.

Das Wohl anderer als Herausforderung

Gemeinwohl ist ein anspruchsvoller, heroischer Wert und lässt sich nur begrenzt verwirklichen. Oft sind nur kleine Fortschritte machbar, und oft gibt es auch Rückschläge. Bedingungen zu schaffen, die allen ein gutes Leben ermöglichen, ist angesichts der Komplexität der Welt schwierig und erfordert ein hohes Maß an Überblick und Zusammenarbeit. Nichtsdestoweniger kann jeder jederzeit etwas für das Gemeinwohl tun, und es gibt auch immer wieder Menschen, die sich in besonderer Weise um das Gemeinwohl verdient machen.

Es kann allerdings bereits eine Herausforderung sein, etwas für das Wohl einzelner anderer zu tun. Selbst wenn man sich auf einen einzelnen anderen Menschen konzentriert, ist es auch bei bester Absicht oft gar nicht so einfach, die Rahmenbedingungen für dessen Befinden mit nachhaltigem Erfolg positiv zu beeinflussen. Manches lässt sich eben nicht so leicht ändern. Andererseits ist es meist nicht schwierig, anderen im Alltag zu helfen und Momente der Freude zu bescheren.

TEIL 2
WEGE FÜR HARMONIE ZWISCHEN BEWUSSTSEIN, WAHRNEHMUNG UND VERSTAND

Für Wohlergehen und Harmonie im eigenen Bewusstsein bedarf es einer Harmonie zwischen dem eigenen Bewusstsein, der eigenen Wahrnehmung und dem eigenen Verstand. Bewusstseinsinhalte, die nicht im Einklang mit unserer Wahrnehmung und unserem Verstand stehen, beeinträchtigen unseren inneren Frieden. Unser Verstand prüft unsere Bewusstseinsinhalte und meldet Bedenken an, wenn er auf Unwahres, Inkonsistentes und Widersprüchliches stößt. Man kann nicht zu allem umfassende Vorstellungen haben, aber die Vorstellungen, die man hat, sollten schon in dem Sinne wahr sein, dass sie einer Überprüfung durch Wahrnehmung und Verstand standhalten können.

Ein konzentrierter und systematischer Gebrauch von Wahrnehmung, Denken und Intuition und ein gelegentlicher Wechsel der Perspektive helfen, Wahres von Unwahrem zu unterscheiden und ein konsistentes, adäquates Verständnis der Wirklichkeit zu entwickeln.

WAHRNEHMEN

Beim Wahrnehmen geht es um den bewussten und aufmerksamen Gebrauch der eigenen Sinne. Sehsinn, Gehör, Geruchssinn, Geschmackssinn und Gefühlssinn ermöglichen uns Sehen, Hören, Riechen, Schmecken und körperliches Fühlen.

Es ist vernünftig, seine Sinne zu gebrauchen. Man kann sich dabei anstrengen und konzentrieren und sollte die Signale, die man mit seinen Sinnen aufnimmt, beachten und ernst nehmen. Der Mensch verfügt über eine umfangreiche Wahrnehmungsfähigkeit. Manche Tiere haben allerdings empfindlichere oder sogar zusätzliche Sinnesorgane und übertreffen den Menschen in vielen ihrer Wahrnehmungsleistungen.

Wahrnehmungsbemühen

Aufmerksamkeit
Wir sollten unsere Fähigkeiten zur Wahrnehmung nutzen und aufmerksam, aufnahmebereit und mit wachen Sinnen durchs Leben gehen. Wer achtsam ist, richtet seine Sinne auf das Hier und Jetzt und beobachtet mit offenen Augen. Je konzentrierter, disziplinierter, bewusster und genauer wir wahrnehmen, desto mehr Informationen können wir sammeln, desto weniger übersehen wir und desto geringer ist das Risiko, dass wir Täuschungen erliegen.

Zwar sind die Kapazitäten unserer Wahrnehmung begrenzt und wir können nicht alles wahrnehmen, aber wir können uns bemühen, die Welt wach und nüchtern zur Kenntnis zu nehmen, die Möglichkeiten der Sinnesorgane auszuschöpfen und die Leistungsfähigkeit unserer Wahrnehmung nicht durch Abstumpfung, Betäubung und Rausch zu trüben.

Interesse
Wer Interesse für die Wirklichkeit aufbringt, seiner Umwelt Beachtung schenkt, an dem, was um ihn herum geschieht, Anteil nimmt, bekommt mehr mit als jemand, der allem nur mit Desinteresse und Gleichgültigkeit gegenübertritt. Wissensdurst, Neugier, Weltoffenheit, ein Blick über den Teller-

rand und das Stellen von Fragen vertreiben Ahnungslosigkeit und Ignoranz.

Interesse aufzubringen, erfordert allerdings Einsatz. Nur wer sich Zeit für detaillierte Wahrnehmung nimmt und sich auch wirklich um Aufmerksamkeit bemüht, erlangt Überblick und Durchblick.

Einfühlung

Menschen interessieren sich für Menschen. Wenn wir andere beachten, ihnen mit Aufmerksamkeit begegnen und Interesse für sie aufbringen, können wir uns meist auch recht gut in sie hineinversetzen und einfühlen, ihre Gefühle erkennen und durchschauen und ihre emotionalen Regungen deuten. Wer sein Einfühlungsvermögen und seine Fähigkeit zur Empathie nutzt, entwickelt ein besseres Verständnis und eine bessere Vorahnung für das Verhalten anderer und baut somit seine Menschenkenntnis aus.

Objektivität

Realismus

Realismus bedeutet, die Wirklichkeit so zu sehen, wie sie tatsächlich beschaffen ist. Er bedeutet insbesondere auch, die durch die Sinnesorgane bereitgestellten Wahrnehmungssignale mit Hilfe des Verstands rational zu zutreffenden, wahren Vorstellungen zu verarbeiten. In der Wirklichkeit an sich gibt es keine logischen Widersprüche, man kann sich aber falsche Vorstellungen bilden. Um in seinem Bewusstsein realistische Vorstellungen zu entwickeln, ist es erforderlich, seine Vorstellungen immer wieder auf Konsistenz mit den Fakten zu überprüfen.

Grundlage von Realismus ist Wahrheitsliebe. Wenn wir

Wahres gegenüber Falschem bevorzugen, vermeiden wir, dass sich unser Bewusstsein von der Wirklichkeit abkoppelt.
Zu Realismus gehört auch der Mut und die Entschlossenheit zur Wahrheit. Nicht alles, was wahr ist, ist auch schön. Manchmal kostet es Kraft und Überwindung, den Tatsachen ins Auge zu blicken. Wer realistisch ist, verschließt sich nicht den Fakten, indem er nur selektiv zur Kenntnis nimmt, was ihm ins Konzept passt, und alles andere verleugnet. Er lässt seine Vorstellungen darüber, wie die Welt beschaffen ist, nicht von Wünschen, sondern ganz nüchtern und sachlich von Beobachtungen leiten.
Zu Realismus gehört, die Lage nicht optimistischer oder pessimistischer zu sehen, als es in Anbetracht der Fakten angemessen ist. Wer realistisch ist, vermeidet es, Sachverhalte durch Schönfärberei oder Schwarzmalerei zu verbiegen.

Intersubjektivität
Realismus bedeutet auch, die Dinge so zu sehen, wie sie sich auch für andere bei konzentriertem Einsatz der Sinne und des Verstands darstellen. Völlige Objektivität ist ein Ideal, dem man sich annähert, indem man Vorstellungen entwickelt, die von allen oder zumindest fast allen geteilt werden. Einerseits können intersubjektiv anerkannte Vorstellungen durch Verständigung entstehen, andererseits bilden sie aber auch eine Basis für Verständigung. Indem wir uns bei der mentalen Verarbeitung unserer Wahrnehmungen um Realismus und Objektivität bemühen, beugen wir einer Ablehnung unserer Vorstellungen durch andere vor.

Akzeptanz
Objektivität bedeutet auch, sich mit der Wirklichkeit anzufreunden und Unabänderliches nicht ständig mit negativen

Bewertungen zu überziehen. Nur wer die Wirklichkeit akzeptiert, kann im Einklang mit ihr leben.

Es ist offensichtlich unmöglich, den Wandel, das bedingte Entstehen von allem, die Kleinheit jedes Einzelnen und die Ungewissheit der Zukunft aufzuheben. Und wir können auch die Vergangenheit nicht ändern. Es war, wie es war.

Wer sich um Objektivität bemüht, erkennt nüchtern und gelassen an, wenn etwas die Grenzen seiner Einflussmöglichkeiten übersteigt, und gibt sich nicht dem Wahn hin, Unabänderliches doch irgendwie ändern zu können.

DENKEN

Abstrahieren

Es gibt eine unendliche Vielfalt an unterschiedlichen Phänomenen, und es geht weit über die Kapazitäten unseres Bewusstseins hinaus, all diese Phänomene im Detail zu erfassen. Es besteht die Gefahr, dass wir vor lauter Bäumen den Wald nicht mehr sehen und den Überblick verlieren. Die Bewältigung der alltäglichen Flut an Sinneseindrücken erfordert daher ein Mindestmaß an Verallgemeinerung und Abstraktion.

Auch der Verständigung mit anderen kann es dienen, sich auf eine abstrakte überpersönliche Ebene zu begeben und dabei konkrete individuelle Befindlichkeiten in den Hintergrund treten zu lassen.

Insbesondere ein Zusammenfassen von Phänomenen unter abstrakten Begriffen, ein Erkennen von Regelmäßigkeiten und ein Nutzen vereinfachender Abbilder erleichtern den Überblick.

Begriffe

Um sich Überblick zu verschaffen, ist es hilfreich, manche Phänomene, die zwar im Detail unterschiedlich sind, pragmatisch zu Gruppen zusammenzufassen und für diese Gruppen Namen festzulegen. Um im Detail Unterschiedliches unter abstrakten Begriffen zu bündeln, ist eine Reduktion der Komplexität der konkreten Formen auf einfache, klare, leicht erfassbare Grundformen erforderlich.

Bei einer solchen Abstraktion werden wichtige Merkmale der Einzeldinge hervorgehoben und weniger wichtige vernachlässigt. Es kann dabei vom Kontext der Betrachtung abhängen, welche Merkmale für die Gruppierung der Phänomene genutzt werden und welches Ausmaß an Zusammenfassung als angemessen angesehen wird. Abstrakte Begriffe stabilisieren sich, indem wir begreifen, was wesentlich ist und was nicht.

Regelmäßigkeiten

Auch abstrakte, verallgemeinernde Vorstellungen davon, welche Regelmäßigkeiten im allgegenwärtigen Geflecht aus Ursachen und Wirkungen existieren, erleichtern Überblick und Orientierung.

Kernaufgabe von Wissenschaft ist es, Daten zu sammeln, in diesen Daten Muster zu erkennen, Hypothesen über Zusammenhänge zu bilden und diese Hypothesen anhand von Fakten zu überprüfen.

Der Übergang von einer großen, unübersichtlichen Menge konkreter Einzeldaten und Einzelbeobachtungen zu einem Erkennen von Mustern, Zusammenhängen, Abhängigkeiten, Interdependenzen, Trends, Gleichgewichten und Kreisläufen wird als Induktion bezeichnet.

Bei der Suche nach Regelmäßigkeiten stößt man allerdings

oft an Grenzen in Form von Unschärfen, Ausreißern und Ausnahmen. Meist bleibt eine Restunsicherheit hinsichtlich der Allgemeingültigkeit mutmaßlicher Gesetzmäßigkeiten. Dem Umgang mit solchen Unschärfen und Unsicherheiten dienen statistische Verfahren, mit Hilfe derer auf Basis der Streuung der Daten zu vermuteten Zusammenhängen Aussagen über Wahrscheinlichkeiten, Konfidenzintervalle und Signifikanzniveaus gemacht werden.

Vereinfachende Abbilder
Ein Musterbeispiel für ein vereinfachendes Abbild ist eine Landkarte. Eine Landkarte dient nicht primär einem Festlegen von Begriffen oder einem Aufzeigen von Regelmäßigkeiten, aber auch sie ist eine Abstraktion, die sich auf Relevantes beschränkt und ihren Nutzern Überblick verschafft und die Orientierung erleichtert.
In ähnlicher Weise sind auch andere vereinfachende Abbilder verfügbar, die viele konkrete Einzelinformationen auf Wesentliches reduzieren. So repräsentiert ein Wahlergebnis das Wesentliche aus einer Vielzahl von Einzelstimmen. Eine herrschende Meinung spiegelt eine Vielzahl von Einzelmeinungen wider. Ein Marktpreis fasst Informationen über Kosten der Anbieter und Nutzen der Käufer zusammen. Und auch im nachbildenden Modellbau und bei wissenschaftlichen Modellen geht es um vereinfachende Abbilder der Wirklichkeit.

Konkretisieren

Erklärungen
Beim Konkretisieren werden abstrakte Regelmäßigkeiten auf konkrete Situationen angewendet. Wenn ausgehend von

Regelmäßigkeiten unter Einsatz von Logik Schlussfolgerungen für konkrete Einzelfälle hergeleitet werden, wird dies als Deduktion bezeichnet.

Wer versucht, konkrete Vorkommnisse zu erklären, greift dabei auf seine Vorstellungen davon zurück, welche Regelmäßigkeiten es gibt. Wer ein bestimmtes Vorkommnis auf bestimmte Ursachen zurückführt, unterstellt, dass solche Ursachen regelmäßig zu derartigen Vorkommnissen führen können.

Man kann auch speziellere Regelmäßigkeiten erklären, indem man sie aus allgemeineren Regelmäßigkeiten herleitet.

Prognosen
Auch Vorhersagen fußen auf Konkretisierungen. Wenn man begründen soll, warum man das Eintreten bestimmter Ereignisse erwartet, kommt man nicht umhin, auf Regelmäßigkeiten zu verweisen, die eine kausale Verbindung zwischen dem vorliegenden Istzustand und diesen Ereignissen herstellen.

Empfehlungen
Bestimmte Handlungen zu empfehlen, beruht darauf, dass man prognostiziert, dass diese Handlungen zu vorgegebenen erwünschten Ergebnissen führen. Handlungsempfehlungen basieren also auf Prognosen, die ihrerseits darauf beruhen, dass man Regelmäßigkeiten unterstellt. Auf diesem Weg mündet abstraktes globales Denken in konkretem lokalem Handeln.

Analyse

Zerlegen und sortieren
Bei einer Analyse geht es darum offenzulegen, wie sich ein größeres Phänomen aus kleineren Bausteinen zusammensetzt. Hierzu wird das Phänomen dekonstruiert und in seine Bestandteile zerlegt. Am Ende der Analyse eines materiellen Gegenstands bleibt vom Ausgangszustand nur noch die Erinnerung. Die gefundenen Bausteine werden oftmals sortiert, indem sie systematisch nach Kategorien unterschieden und geordnet werden.
Durch Analysen werden Zusammenhänge zwischen einzelnen Bausteinen und die Bedeutung einzelner Bausteine für das Gesamtphänomen erkennbar.

Sprachanalyse
Eine besondere Form der Analyse ist die Sprachanalyse. Im Rahmen von Sprachanalyse werden Begriffe und Aussagen einer Dekonstruktion unterzogen und ihre Bedeutungsbestandteile offengelegt.
Sprache und ihre Bedeutungsinhalte sind menschliche Konstrukte. Sie sind kulturabhängig unter Beteiligung vieler Menschen über lange Zeiträume hinweg entstanden. Viele Wörter weisen in ihrer Bedeutung Unschärfen auf und werden von unterschiedlichen Menschen und in unterschiedlichen Situationen mit unterschiedlicher Bedeutung gebraucht, was auch eine Gefahr von Missverständnissen beinhaltet. In vielen Begriffen und Aussagen schwingen Interpretationen und Intentionen mit, die erst bei genauerer Betrachtung deutlich werden.
Da Denken und Kommunikation auf Sprache zurückgreift, dient eine Klärung von Begriffsinhalten auch einer Klärung

des Denkens und der Kommunikation.

Synthese

Gegenstück zur Analyse ist die Synthese. Bei einer Synthese werden einzelne kleinere Bausteine durch Kombination und Vernetzung zu einem neuen größeren Ganzen zusammengefügt. Getrenntes wird miteinander verbunden, in etwas Neues integriert, zu etwas Neuem vereint, und die bisherigen Trennungen werden aufgehoben.
Kombinatorisches Denken und kombinatorische Intelligenz ergänzen analytisches Denken und analytische Intelligenz.

Systeme

In Systemen werden die einzelnen Bausteine durch eine Struktur zusammengehalten, die in Relationen, Zusammenhängen und Abhängigkeiten besteht. Die einzelnen Bestandteile werden in größere Zusammenhänge eingeordnet, in denen sie gegenseitig aufeinander einwirken. Dabei kann es auch zu Rückkopplungen kommen, bei denen die Einflüsse, die ein Baustein auf das Gesamtsystem hat, Rückwirkungen des Gesamtsystems auf diesen Baustein verursachen.
Da in der Wirklichkeit letztlich alles durch Ursachen und Wirkungen miteinander vernetzt ist, sind Gesamtbetrachtungen und ein ganzheitliches Denken in Systemen oft unverzichtbar, um ein umfassendes Verständnis einzelner Phänomene zu erlangen. Gerade bei besonders komplexen Systemen ist dabei oft auch ein interdisziplinäres Herangehen sinnvoll.

Gleichgewichte

Viele Systeme sind dadurch gekennzeichnet, dass es in ihnen

stabile Gleichgewichte gibt. Andere Systeme hingegen zerstören sich dadurch selbst, dass sie kein Gleichgewicht finden und in unhaltbare Extreme abdriften.

In einem stabilen Gleichgewicht kommt es typischerweise zu einem Ausgleich oder einer Harmonisierung gegenläufiger Kräfte. Außerhalb eines solchen Gleichgewichts wirken Kräfte, die das System von Extremzuständen fernhalten und zum Gleichgewicht zurückdrängen. In dynamischen Systemen kann es so auch zu Fließgleichgewichten in Form von stabilen Kreisläufen kommen.

Neben physischen gibt es auch psychische Gleichgewichte. Sich auf einen Kompromiss einzulassen, bedeutet im Grunde, bei einem Zielkonflikt zu einem psychischen Gleichgewicht zu kommen.

Wenn sich in einem komplexen dynamischen System stabile Gleichgewichtspfade erkennen lassen, hilft dies sehr, um robuste Prognosen zu machen.

Emergenz

Wenn man einzelne Bausteine in einem System zusammenbringt und sich in diesem System ein stabiler Gleichgewichtszustand oder Gleichgewichtspfad einstellt, dann kommt es vor, dass auf der Ebene des Gesamtsystems Phänomene in Erscheinung treten, die auf der Ebene der Einzelteile noch nicht in Erscheinung traten. Wenn in dieser Weise auf höheren Organisationsebenen Phänomene auftauchen, die auf niederen Organisationsebenen noch nicht erkennbar sind, spricht man von Emergenz. Die Einzelteile entfalten dann in ihrer Kombination ungeahnte Synergien.

Beispiele sind die Emergenz besonderer Moleküleigenschaften durch eine Kombination von Atomen, die Emergenz von Leben und biologischen Abläufen durch eine Kombination von Molekülen, die Emergenz des Verstands durch ein Zusammenwirken von Zellen und die Emergenz staatlicher Institutionen durch ein Zusammenwirken von Menschen. Letztlich sind alle Erscheinungen Emergenzien, auch das Ich. Dabei spielt auch Selbstorganisation in dem Sinne eine Rolle, dass niedere Ebenen nicht nur einfach höhere Ebenen aufbauen, sondern dass die höheren Ebenen wiederum die niederen Ebenen steuern.

Um zu verstehen, wie Emergenz zustande kommt, ist ein geschmeidiges Denken erforderlich, dass sich zwischen höheren und niederen Organisationsebenen hin und her bewegt.

INTUITION

Um in unserem Bewusstsein zutreffende, konsistente Vorstellungen zu entwickeln, können wir neben Wahrnehmen und Nachdenken auch auf unsere Intuition zurückgreifen. Intuition ist ein Verfahren zum Auffinden von Erkenntnis, das neben dem Verstand weitere Ressourcen einbezieht und nicht so sehr auf wohlgeordnetes, systematisches Denken setzt, sondern eher auf ein bewegliches, ganzheitliches Fühlen.

Gerade in komplexen, diffusen, unübersichtlichen, schwer durchschaubaren Situationen, die eine zügige Reaktion erfordern und in denen es an Zeit für detailliertes Nachprüfen und Nachdenken mangelt, kann Intuition ein sinnvoller Weg sein, um zu Entscheidungen zu kommen. Es kann sich dann zwar erweisen, dass man mit seiner Intuition falsch lag, gar nicht so selten liegt man mit seiner Intuition aber auch richtig.

Bei Intuition geht es nicht darum, in spontaner, impulsiver, launenhafter Weise Beliebiges zu tun. Intuition ist vielmehr eine besondere Fähigkeit und Kompetenz, bei der sowohl Begabung als auch Erfahrung eine große Rolle spielen. Und auch wenn Systematik bei Intuition nicht im Vordergrund steht, gibt es durchaus Mittel, der eigenen Intuition nachzuhelfen. Zu diesen Mitteln gehören ein Anzapfen des Unterbewusstseins, ein Kultivieren eines gutes Gespürs und ein Nutzen heuristischer Findungsverfahren.

Unterbewusstsein
Im menschlichen Gehirn gibt es ca. 100 Milliarden Nervenzellen, wobei jede Nervenzelle über Synapsen mit ca. 1000 anderen Nervenzellen verbunden ist.

Auch wenn wir sehr schnell zwischen unterschiedlichen Gedanken hin und her springen können, können wir dennoch nicht gleichzeitig bewusst oder gar konzentriert über mehrere Themen nachdenken. Und die Kapazitäten unserer Wahrnehmung sind ebenfalls begrenzt.

Offenbar gibt es neben dem, was wir gerade bewusst wahrnehmen und denken, vielfältige Parallelprozesse in unserem Gehirn, ohne dass uns diese gerade bewusst sind. Viele Vorgänge im Organismus werden unbewusst gesteuert. Insbesondere bewahrt unser Gehirn einen großen Schatz an Erinnerungen und Wissen, von dem wir uns in jedem einzelnen Moment immer nur einen kleinen Ausschnitt bewusst machen können, während der größte Teil in diesem Moment unbewusst bleibt.

Neben dem Bewusstsein gibt es somit ein Unterbewusstsein, dessen Inhalte und Prozesse eine wertvolle, unverzichtbare Ressource für unser Leben und dessen Gestaltung darstellen und das somit viel potenziell Nützliches enthält.

Zur Intuition gehört, sich Zugang zu den Ressourcen im Unterbewusstsein zu verschaffen, das Unterbewusstsein anzuzapfen und Unterbewusstes explizit oder implizit ins Bewusstsein zurückzuholen. Dies geschieht, indem man, bildlich gesprochen, in sich hineinschaut, in sich hineinhört, in sich hineinfühlt und auf seine innere Stimme, sein Herz oder seinen Bauch hört.

Gespür

Sensibilität für Signale
Gespür ist eine Ahnung oder Witterung für Wahres, Richtiges, Angemessenes, Passendes, Stimmiges und für Zusammenhänge, Muster und Regelmäßigkeiten.
Zu Gespür gehören eine gut ausgeprägte, ganzheitliche Sensibilität, ein Feingefühl für Signale und ein enger, breitflächiger Kontakt zur Umwelt und zu sich selbst. Bei gutem Gespür nimmt man auch schwache Reize und Signale bewusst wahr und weiß sie zu deuten. Mit Blick auf die Umwelt geht es dabei um eine Empfänglichkeit für Vorboten, Anzeichen, Indizien, Spuren und gute oder böse Omen und mit Blick auf den eigenen Körper um ein Registrieren von Instinkten, Reflexen, Gefühlen und Eingebungen.

Treffsicherheit
Ein gutes Gespür zeigt sich auch in Treffsicherheit. Diese erfordert, Signale zügig aufzugreifen und auszuwerten, verstreute Informationen mit Leichtigkeit zusammenzufassen und sich unangestrengt ohne schwerfälliges Nachdenken einen guten Überblick zu verschaffen. Wer treffsicher ist, verhält sich instinktiv angemessen und richtig und gelangt schnell und leicht zu Erfolgen. Treffsicherheit kommt gerade auch bei gelungenen Improvisationen zum Ausdruck.
Allerdings gelingen niemandem immer nur Treffer. Manch-

mal bemüht man sich zwar zu zielen, aber es geht trotzdem schief. In anspruchsvollen Situationen ist es bisweilen schon eine Leistung, überhaupt einmal einen Treffer zu erzielen.
Treffsicherheit ist zum Teil Talent, aber auch durch Üben lässt sich das Risiko von Fehlschlüssen und Fehlschüssen reduzieren.

Heuristische Findungsverfahren

Man kann zu Erkenntnissen gelangen, indem man akribisch beobachtet und genau nachdenkt. Es gibt aber auch ein weites Feld an Findungsverfahren, bei denen nicht systematisches Suchen, sondern gekonntes Finden im Vordergrund steht.
Neben einem Anzapfen des Unterbewusstseins und einem Einsatz von Spürsinn kann es beim Finden von Antworten und Lösungen helfen, in geschickter oder auch unbequemer Weise Fragen zu stellen, der eigenen Fantasie und den eigenen Assoziationen freien Lauf zu lassen, ungewöhnliche Verbindungen herzustellen, Analogien zu nutzen, Zufall einzusetzen, zu spielen, zu experimentieren, auszuprobieren, für Abwechslung zu sorgen oder auch einfach eine Nacht darüber zu schlafen.

ERWEITERUNG DER EIGENEN PERSPEKTIVE

Bei der Entwicklung konsistenter Vorstellungen, die im Einklang mit Wahrnehmung und Verstand stehen, hilft auch eine Erweiterung der eigenen Perspektive. Die Perspektive, aus der wir die Welt betrachten, prägt die Vorstellungen, die wir uns von der Wirklichkeit machen. Unser Standpunkt und unser Blickwinkel beeinflussen unsere Anschauungen. Es hängt von der eigenen Position ab, welche Seite der Dinge man sieht, was näher liegt und was ferner liegt. Je nach Perspektive gerät Unterschiedliches in den Fokus.

Unsere Perspektive ist Resultat unserer Bedürfnisse, unserer guten und schlechten Erfahrungen, unseres sozialen und materiellen Umfelds und unseres Denkens. Sie äußert sich in festen Einstellungen und Überzeugungen, die nicht selten auch kaum hinterfragte Vorurteile beinhalten. Allerdings kann sie sich im Laufe des Lebens weiterentwickeln. So kann eine subjektive, egoistische Ausrichtung durch eine objektivere, altruistischere Ausrichtung abgelöst werden.

Die eigene Perspektive kann sich verschieben und sich auch erweitern. Es ist weder notwendig noch hilfreich, sich auf genau eine starre Perspektive zu beschränken. Wer die Welt aus unterschiedlichen Blickwinkeln betrachtet, erweitert seine Vorstellungen und sein Verständnis der Wirklichkeit. Wer eine Festlegung auf eine bestimmte Perspektive hinter sich lässt, dem eröffnen sich neue Erkenntnisse und neue Möglichkeiten.

Geistige Beweglichkeit
Ausgangspunkt für eine Erweiterung der Perspektive ist geistige Beweglichkeit. Grundlage dafür ist Offenheit, Zugänglichkeit und Aufgeschlossenheit für Anschauungen, die von der bisherigen eigenen Sicht oder dem bisherigen eigenen Weltbild abweichen. Wer geistig flexibel ist, ist bereit, sich in andere Perspektiven hineinzuversetzen, die Dinge auch mal von einer anderen Seite her zu betrachten und zusätzliche Möglichkeiten und Optionen zur Kenntnis zu nehmen.

Geistige Flexibilität beinhaltet Empfänglichkeit für gute Argumente und gute Vorbilder und die Bereitschaft, seine eigenen Einstellungen zu überdenken, subjektive Vorstellungen zu korrigieren, sich belehren zu lassen und dazuzulernen.

Zur geistigen Beweglichkeit gehört auch, dass wir neben den Vorstellungen, die wir im Rahmen unseres Selbstbilds von uns haben, auch das Fremdbild zur Kenntnis nehmen, das andere von uns haben.

Gegenstück zur geistigen Flexibilität ist Starrsinn, der sich der Möglichkeit eines Perspektivwechsels verschließt und stur an der bisherigen Perspektive festhält. Auch geistige Scheuklappen blockieren geistige Beweglichkeit.

Freier Geist

Geistige Freiheit geht über geistige Beweglichkeit hinaus. Ein freier Geist versetzt sich nicht nur gelegentlich in andere Perspektiven hinein, wenn dafür ein besonderer Anlass oder Bedarf vorliegt, sondern er bewegt sich immer wieder aus eigenem Antrieb schnell und mühelos zwischen unterschiedlichen Perspektiven hin und her.

Voraussetzung dafür ist ein von Vorurteilen, Dogmen und Bevormundungen durch andere freies Denken. Fantasie, ideologische Ungebundenheit, ein Bewusstsein für das Spektrum möglicher Alternativen und die Erkenntnis, dass sich ein Sachverhalt aus unterschiedlichen Perspektiven durchaus widersprüchlich darstellen kann, fördern einen freien Geist. Ein freier Geist schließt zwar einen Grundbestand an festen Überzeugungen nicht aus, tendiert aber zu einer Relativierung herrschender Ansichten und zu einer Integration neuer Blickwinkel in bestehende Meinungsbilder.

Ein freier Geist hilft dabei, Spielräume und Gestaltungsmöglichkeiten zu erkennen und Kreativität zu entfalten. Alle kreativen Tätigkeiten wie Wissenschaft, Kunst und Humor werden durch einen freien Geist beflügelt.

Universale Perspektive
Bei einer universalen Perspektive tritt Subjektivität völlig in den Hintergrund, und ein Bemühen um größtmögliche Objektivität beherrscht das Denken. Es kommt zu einer abstrakten Sicht der Wirklichkeit, die sich auf Grundprinzipien konzentriert, die aus jedweder Perspektive Gültigkeit haben. Das Leben, das Glücksstreben, der Verstand, der Wandel und die Interdependenz der Phänomene geraten dabei in den Fokus.

Ein universaler Geist ist ein Ideal, das sich nur in Ansätzen verwirklichen lässt, da uns die geistigen Kapazitäten fehlen, die Wirklichkeit simultan aus allen erdenklichen Blickwinkeln zu erfassen.

TEIL 3
WEGE FÜR HARMONIE ZWSCHEN BEWUSSTSEIN UND KÖRPER

Zum Wohlergehen gehört körperliches Wohlbefinden. Eine Abwesenheit körperlicher Beschwerden, eine gute körperliche Verfassung, Lebensenergie, Robustheit und eine gute Kondition sind wünschenswert.
Das körperliche Befinden unterliegt allerdings Schwankungen. Im Rahmen des normalen Auf und Ab fühlt man sich mal besser, mal schlechter. Durch Gesundheitsbewusstsein und Gesundheitsförderung kann man aber etwas dafür tun, Harmonie zwischen Psyche und Physis zu verwirklichen.

GESUNDHEITSBEWUSSTSEIN

Körperverständnis

Körperwahrnehmung
Ein Bewusstsein für die eigene Gesundheit und ein Verständnis des eigenen Körpers setzen an bei einer bewussten Wahrnehmung des eigenen Körpers. Wenn man seinem Körper Aufmerksamkeit schenkt, kann man ein Gespür für die Stimmigkeit oder Unstimmigkeit körperlicher Zustände und Abläufe kultivieren und Erfahrung damit sammeln, wie der Körper auf unterschiedliche Einwirkungen reagiert.

Bedingtheit des Befindens

Der aktuelle Level von Wohlbefinden, Lebensenergie und Vitalität und auch die aktuelle Verfassung bei Erkrankungen sind abhängig von Rahmenbedingungen und Einflussfaktoren. Wohlbefinden, Lebensenergie und Vitalität sind nicht einfach automatisch gegeben, sondern speisen sich aus einer Vielzahl von Quellen. Auch Erkrankungen haben Ursachen und kommen nicht einfach aus dem Nichts. Ein Bewusstsein für die Bedingtheit von Wohlbefinden und von Erkrankungen ist die Basis für eine positive Einflussnahme auf die körperliche Verfassung.

Biologische Zusammenhänge

Indem wir ein gutes Verständnis der biologischen Zusammenhänge, Prozesse und Regelkreisläufe erlangen, uns ein Bild von körperlichen Strukturen und Vorgängen machen und somit Körperkompetenz entwickeln, gewinnen wir eine Vorstellung davon, wie sich Wohlbefinden, Lebensenergie oder Heilung fördern lassen.

Der Körper ist ein dynamisches System voller Interdependenzen zwischen Ursachen und Wirkungen. Es gibt viele, manchmal auch sehr komplexe Verbindungen, die die Komponenten unseres Körpers untereinander vernetzen und unsere Lebensweise und die Funktionsweise unserer Organe, Zellen und Gene miteinander verknüpfen. Hinzu kommt das psychosomatische Wechselspiel zwischen Bewusstsein und Körper.

Vegetatives Gleichgewicht

Leben setzt ein Fließgleichgewicht der biologischen Abläufe im Körper voraus, insbesondere auch von Atmung, Blutkreislauf und Stoffwechsel. Diese vegetative Balance muss auch bei unterschiedlichen körperlichen Beanspruchungen stabil

gehalten werden, denn Ungleichgewichte können zu Erkrankungen führen.
Um seine biologischen Prozesse im Gleichgewicht zu halten, verfügt der Körper über komplexe Systeme zur Selbststeuerung und eine automatische Selbstregulation, die weitgehend unbewusst erfolgt. Wichtige Rollen bei der Erhaltung des Gleichgewichts spielen das vegetative Nervensystem und das darüber gesteuerte Hormonsystem. Im vegetativen Nervensystem ergänzen sich der Sympathikus, der aktivierend und anspannend wirkt und Ressourcen freisetzt, und der Parasympathikus, der beruhigend und entspannend wirkt und Ressourcen regeneriert, als Gegenspieler. Zielgewebe des vegetativen Nervensystems sind die verschiedenen Organe, darunter insbesondere auch die Hormondrüsen. Hormone werden ausgeschüttet im Rahmen von Regelkreisen mit negativen Rückkopplungen, durch die überschießende Ausschüttungen über eine Aktivierung von Gegenkräften zurückgeführt werden und Sollwerte somit durch ein kontinuierliches Zusammenwirken gegenläufiger Kräfte gehalten werden.

Ressourcenbewusstsein

Ressourcenbewusstsein bedeutet, dass man sich klar macht und darauf vertraut, dass es Möglichkeiten gibt, das eigene Befinden und auch den Verlauf von Krankheiten positiv zu beeinflussen. Es besteht begründeter Anlass zu der Zuversicht, dass man bei Einsatz geeigneter Mittel positive Wirkungen auf das körperliche Befinden herbeiführen kann.
Bei vielen Beschwerden lassen sich Ursachen klar diagnostizieren, und es gibt nachweislich wirksame Gegenmittel. Wenn man körperliche Signale nicht selbst deuten kann, kann

man Ärzte konsultieren. Allerdings kann man sich auch in Gesundheitsfragen bemühen, mündig zu sein und selbst nachzudenken, und sich darüber informieren, wie man sich Zugang zu Ressourcen, die der Förderung der eigenen Gesundheit dienen können, verschaffen kann.
Ein Vertrauen in die eigenen Kräfte und eine positive Einstellung zu Möglichkeiten der Gesundheitsförderung helfen, sich Potenziale und Chancen bewusst zu machen und das eigene körperliche Wohl nicht allein dem Schicksal zu überlassen.

GESUNDHEITSFÖRDERUNG

Unser körperliches Befinden ist beeinflussbar. Wir können Gesundheit, Vitalität und Wohlbefinden fördern, unsere Lebensenergie steigern, uns stärken, stabilisierend in das Fließgleichgewicht der biologischen Prozesse in unserem Körper eingreifen und sogar eine Freisetzung von Glückshormonen anregen, indem wir geeignete Mittel und Verfahren anwenden.

Stabilisierung von innen

Krankheitsvermeidung
Die Vermeidung von Krankheitsursachen ist ein köpereigenes Mittel zur Stabilisierung des körperlichen Wohlergehens. Krankheitsursachen können bestehen in Verletzungen, Überlastungen, übermäßiger Erschöpfung, Fehlhaltungen, Verschleiß, Krankheitserregern wie Parasiten, Bakterien und Viren, Giftstoffen von Pilzen, Schwermetallen wie Blei, Quecksilber und Cadmium, anderen toxischen Chemikalien,

bestimmten Strahlungen, Radioaktivität, Tabakrauch, Mineralfasern wie Asbestfasern, Luftschadstoffen wie Kohlenmonoxid, Stickoxiden, Schwefeldioxid und Staub, Alkohol und Drogen. Der Krankheitsprävention dienen neben Risikovermeidung, Hygiene und Schonung auch Gesundheitsbewusstsein bei Ernährung und Bewegung sowie Früherkennung und Rückfallvermeidung.

Selbstheilung
Der Körper verfügt über natürliche Fähigkeiten zur Selbstregulation, Erholung, Regeneration und Selbstheilung. So heilen manche Wunden und Infekte ohne bewusstes Eingreifen. Auch die alltägliche Regeneration im Schlaf erfolgt unbewusst. Erholung, Regeneration und Selbstheilung erfordern allerdings Zeit. Wenn man diesen natürlichen heilsamen Kräften nicht die nötige Zeit gibt und sie nicht in Ruhe wirken lässt, droht eine Verschlechterung des Befindens.

Stabilisierende Bewusstseinsaktivitäten
Das Bewusstsein kann aktiv sein, ohne dass sich der Körper dabei nennenswert bewegt. Wir können wahrnehmen, nachdenken, uns etwas vorstellen, uns erinnern, während wir still stehen, sitzen oder liegen. Im Nervensystem können intensive Prozesse ablaufen, ohne dass motorisch viel zu sehen ist.
Dennoch sind permanent Schnittstellen zwischen dem Nervensystem und dem Rest des Körpers aktiv. Im Rahmen der Neurochemie werden ständig Steuerungssignale weitergeleitet. Dabei ist nicht zuletzt die beständige Interaktion zwischen dem eher kleinen Hirnbereich Hypothalamus und der eher kleinen Hormondrüse Hypophyse mitten im Kopf eine zentrale Schnittstelle zwischen dem Gehirn und dem Rest des Körpers.

Bewusstseinsaktivitäten können also körperliche Wirkungen haben und das körperliche Wohlergehen beeinflussen, ohne dass es zu deutlichen körperlichen Bewegungen kommt. Je stärker sich das Bewusstsein auf den Körper konzentriert, desto größer können äußerlich kaum erkennbare Wirkungen im Körper sein. Manche Spannungszustände und Stoffwechselvorgänge lassen sich so willentlich intensivieren oder stabilisieren.

Zu den mentalen Techniken der Gesundheitsförderung gehört insbesondere das konzentrierte Visualisieren und Nachempfinden körperlicher Sollzustände und Sollabläufe. Wenn wir uns bei einer solchen Meditation oder einem solchen mentalen Training einen positiven körperlichen Zustand vergegenwärtigen oder uns in einen positiven körperlichen Ablauf einfühlen, kann dies zu einer nachfolgenden erfolgreichen Umsetzung in die Praxis beitragen. Ein positive, zuversichtliche Geisteshaltung, die sich mehr auf das angestrebte Wohlergehen als auf Defizite konzentriert, kann positive Kräfte freisetzen und therapeutischen Wert haben. Einen Knochenbruch kann man allein durch Visualisierung allerdings nicht richten.

Bewusste Bewegungen
Regelmäßige körperliche Bewegung fördert die Gesundheit. Bewegungsmangel hingegen kann zu Erkrankungen führen. Durch körperliche Bewegung können Stress und Verspannungen abgebaut werden und regenerative Stoffwechselvorgänge angeregt werden. Wenn Bewegungen bewusst und ruhig ausgeführt werden und auf eine gesunde Körperhaltung geachtet wird, ist dies besser, als wenn sie unbedacht und hektisch erfolgen und eine gesunde Körperhaltung vernachlässigt wird. Auch Räkeln und Dehnen kann positiv

wirken.

Eine besondere Form der Bewegung ist die Atmung. Anspannung beim Einatmen und Entspannung beim Ausatmen wechseln sich beständig ab. Durch Atmen wird Sauerstoff zugeführt, der zur Energiebereitstellung im Körper benötigt wird. Ohne Atmung erlischt die Lebensenergie binnen weniger Minuten. Das Atmen erfolgt meist unwillkürlich und unbewusst, kann aber auch bewusst beeinflusst werden. Ausgangspunkt für bewusstes Atmen ist eine bewusste, konzentrierte Wahrnehmung des Atemflusses. Indem man flache, nervöse Atmung vermeidet und sich um tiefes, ruhiges Einatmen und Ausatmen bemüht, werden die Atemwege geweitet und die Ausnutzung des Lungenvolumens und die Sauerstoffversorgung verbessert. Eine einfache Übung hierzu ist ein Ausatmen gegen den Widerstand der Lippen. Auch Gähnen kann gut tun.

Lachen ist eine weitere Bewegungsform, die als gesund gilt. Lachen entspannt, bewirkt einen Abbau von Stresshormonen und eine Ausschüttung von Glückshormonen und stärkt das Immunsystem.

Körpertraining

Viele Menschen, gerade auch Sportler, betreiben Körpertraining, um ihre körperliche Leistungsfähigkeit zu erhalten und zu steigern. Durch bewusste gezielte körperliche Übungen lassen sich Lebensenergie und Fitness verbessern.

Grundidee von Körpertraining ist, den Körper durch Trainingsreize so sehr zu beanspruchen und zu erschöpfen, dass eine reflexhafte Superkompensation ausgelöst wird, im Zuge derer der Körper sich nach dem Training nicht nur regeneriert, sondern seine Leistungsfähigkeit sogar über das Ausgangsniveau hinaus anhebt. Wenn der Körper an die

Grenzen seiner Leistungsfähigkeit geführt wird, versucht er, seinen Fitnesslevel anzupassen und sich für ähnliche oder größere Anforderungen in der Zukunft zu wappnen. Je stärker Training bis an den Rand des gerade noch Möglichen geht und auch normalerweise ungenutzte Reserven aktiviert und je adäquater die Nahrungszufuhr und die Erholungspause nach dem Training sind, desto eher kommt es zu einer Ertüchtigung über das Ausgangsniveau hinaus. Normale Belastungen im Alltag reichen lediglich aus, um die körperliche Leistungsfähigkeit auf dem Level zu erhalten, der für die Bewältigung des Alltags erforderlich ist. Wenn vorhandene körperliche Fähigkeiten nicht genutzt werden, verringern sie sich mit der Zeit sogar.

Die körperliche Leistungsfähigkeit hat mehrere Dimensionen, insbesondere Ausdauer, Kraft, Beweglichkeit und Koordination. Training wirkt gezielt auf eine Erhöhung der Fähigkeiten hin, die auch tatsächlich dabei beansprucht werden. So verbessert Ausdauertraining nicht unbedingt die Kraft. Wer schnell sprinten will, muss das Sprinten üben, und wer Geige spielen will, muss das Geigen üben.

Neben körperlichen Anpassungsreflexen spielen bei erfolgreichem Training auch mentale Anpassung und Lernen eine Rolle. Hinzu kommt, dass die Motivation und der Plan für ein Training letztlich vom Kopf ausgehen.

Einwirkungen von außen

Ernährung
Neben Luft, Wasser und Energiezufuhr in Form von Nahrung braucht der menschliche Körper eine Reihe von essenziellen Stoffen als Baustoffe und Verbrauchsstoffe. Alle Vitamine, eine Reihe von Proteinbausteinen und die beiden Fettsäuren

Linolsäure und Linolensäure sind essenziell. Kohlenstoff, Wasserstoff, Sauerstoff und Stickstoff sind die Grundelemente des Lebens. Daneben braucht der Mensch die Mineralstoffe Kalzium, Chlor, Kalium, Magnesium, Natrium, Phosphor und Schwefel und in Spuren Eisen, Jod, Kupfer, Mangan, Molybdän, Selen und Zink. Bei normaler, ausreichender, abwechslungsreicher Ernährung kommt es in der Regel nicht zu Unterversorgung oder toxischer Überdosierung. Auch Menschen, die sich in der Zusammenstellung ihrer Nahrungsmittel recht deutlich unterschieden, können gleichermaßen gesund sein. Und falls doch bei einem essenziellen Stoff die Gefahr einer Unterversorgung gegeben ist, kann dem durch Nahrungsergänzungsmittel entgegengewirkt werden.

Sinnvoll ist auch, durch eine Mäßigung beim Verzehr von Kohlenhydraten und Fetten Übergewicht und damit verbundenen Risiken vorzubeugen.

Richtwerte, wie man durch adäquate Ernährung das Befinden positiv beeinflussen kann, liefert die Ernährungsmedizin.

Wellness

Wellness setzt neben Meditation, bewusster Bewegung und Ernährung auch auf eine Anwendung von Kurmitteln wie Bädern, Massagen, Packungen, Inhalationen, Wärme, Licht und Schall. Als Wellness-Oasen werden Einrichtungen vermarktet, die sich einer sanften ganzheitlichen Pflege der Gesundheit und einer Kultivierung körperlichen Wohlgefühls widmen.

Medizinische Eingriffe

Im Rahmen der klassischen Schulmedizin erfolgen gesundheitsfördernde Eingriffe oft in Form von Medikamenten oder chirurgischen Operationen. Daneben gibt es aber auch noch andere Formen medizinischer Eingriffe.

Einige bewährte Hausmittel für die Selbstmedikation, die oft auf Wirkstoffen aus der Natur, insbesondere aus Heilpflanzen, beruhen, sind rezeptfrei verfügbar.

Das Wissen über das Spektrum der medizinischen Möglichkeiten mitsamt allen Therapieformen und Wirkstoffen ist aber bei den meisten Menschen ziemlich begrenzt, sodass oft eine Konsultation vertrauenswürdiger Ärzte oder Fachärzte erforderlich ist, um bei Bedarf in den Genuss der Errungenschaften der modernen Medizin zu gelangen.

TEIL 4
WEGE FÜR HARMONIE ZWISCHEN BEWUSSTSEIN UND WELT:
SICH SELBST AUF EINKLANG MIT DER WELT AUSRICHTEN

Ein wichtiger Baustein für unser Wohlbefinden besteht darin, dass wir unsere Umwelt positiv finden und somit Harmonie zwischen unserem Bewusstsein und unserer Umwelt herrscht. Es gibt zwei grundsätzlich verschiedene Wege, auf denen wir etwas für eine positive Bewertung unserer Umwelt und für Harmonie zwischen uns und unserer Umwelt tun können. Zum einen können wir an unserer Umwelt arbeiten und aktiv auf unsere Umwelt einwirken, um diese gezielt gemäß unseren Werten zu verbessern. Zum anderen können wir auch etwas für Harmonie zwischen uns und unserer Umwelt tun, indem wir an uns selbst arbeiten und uns so steuern, dass wir eine bewusste und erkennbare Wertschätzung unserer Umwelt kultivieren, schuldhafte negative Einflussnahmen auf unsere Umwelt vermeiden und uns so entwickeln, dass wir uns gut in unsere Umwelt einfügen. Im ersten Fall fördern wir die Harmonie zwischen uns und unserer Umwelt durch Maßnahmen, die unsere Umwelt gezielt verändern, und im zweiten Fall durch Maßnahmen, die sich auf unsere eigene Person konzentrieren und bei denen es uns nicht um eine gezielte Veränderung unserer Umwelt geht.

WERTSCHÄTZEN

Harmonie zwischen uns und unserer Umwelt erwächst nicht zuletzt daraus, dass wir Wertschätzung für unsere Umwelt aufbringen und zum Ausdruck bringen. Wir zeigen Wertschätzung für unsere Umwelt, wenn wir uns am Konsum beteiligen, positive Phänomene in unserer Umwelt würdigen, andere mit Respekt behandeln oder Mitmenschen Sympathie entgegenbringen.

Konsum

Kaufen
Durch Kauf verschafft man sich Zugang zu Positivem und bringt es in seinen Besitz. Dabei kann es sich um Sachen oder auch um Rechte handeln. So kann man ein Auto kaufen oder auch das Recht kaufen, ein Auto für einen bestimmten Zeitraum zu nutzen.
Beim Kauf eines Guts äußert sich unsere Wertschätzung für das Gut in unserer Zahlungsbereitschaft und unserer Bereitschaft, für die Durchführung des Erwerbs auch andere Ressourcen, wie Zeit, zu opfern. Die Zahlungsbereitschaft ist der maximale Preis, den uns das Gut wert ist. Je höher die Wertschätzung, desto höher ist die Zahlungsbereitschaft. Je mehr man etwas schätzt oder liebt, desto höher ist die Bereitschaft, etwas dafür zu opfern.
Auch wenn man etwas negativ findet, kann sich daraus eine Zahlungsbereitschaft ergeben. Man ist dann unter Umständen bereit, etwas dafür zu zahlen, dass es verschwindet. Müll ist so ein Fall.
Gelegentlich ist es uns sogar etwas wert, etwas in unseren Besitz zu bringen, das an sich negativ ist. So können Infor-

mationen auch dann wertvoll sein, wenn es sich um schlechte Nachrichten handelt.

Nur wenn unsere Zahlungsbereitschaft größer ist als der Preis und wir somit einen Nettonutzen für uns erwarten, entschließen wir uns zum Kauf. Je höher die zu erwartende Leistung im Verhältnis zum Preis ist, desto zufriedener sind wir mit unserem Kauf. Wenn wir etwas sehr Nützliches oder gar Notwendiges preisgünstig erwerben können, trägt das spürbar zu unserer Lebensqualität bei. Wenn hingegen Lebensnotwendiges unbezahlbar ist, kann von Lebensqualität keine Rede mehr sein.

Alle haben nur ein begrenztes Budget. Niemand kann alles kaufen. Jeder Einzelne hat aber die Freiheit auszuwählen, für welche Konsumgüter er sein Geld ausgibt. Dazu gehört auch die Freiheit, mal das eine und mal etwas anderes zu kaufen und Nutzen und Freude aus der Abwechslung zu ziehen.

Etwas zu kaufen dient auch dazu, sich zu ersparen, es selbst zu produzieren. Manches kostet Geld, spart aber Zeit und Mühe.

Worin genau der konkrete Nutzen eines Kaufs besteht, kann höchst unterschiedlich sein. Bei Luxusgütern kann er hauptsächlich darin bestehen, soziales Status zu demonstrieren.

Verbrauchen

Der erste Schritt beim Konsum ist der Kauf, der zweite Schritt ist der Verbrauch. Man zieht einen Nutzen und einen Wert aus einem erworbenen Gut, indem man es benutzt.

Abgesehen von Ausnahmen wie extrem langlebigen Gegenständen, Zierpflanzen und Haustieren bedeutet eine Nutzung gekaufter Güter meist auch Verbrauch. Gebrauch führt bei vielen Dingen und auch bei vielen Rechten zu Verbrauch. Nahrungsmittel werden verspeist, viele Dinge verschleißen, viele Rechte sind befristet und auch ein unbefristetes Recht, einen Gutschein einzulösen, ist verbraucht, wenn man davon Gebrauch gemacht hat.

Würdigung

Positives anerkennen
Wenn man gleichgültig ist gegenüber Positivem in seiner Umwelt, es nicht zur Kenntnis nimmt oder komplett übersieht, dann erschwert man Harmonie zwischen sich und seiner Umwelt. Wenn wir hingegen Positivem in unserer Umwelt bewusst Aufmerksamkeit schenken und uns die Zeit nehmen, die Vielfalt und Fülle an Schönem wahrzunehmen und auf uns wirken zu lassen, hebt das unsere Stimmung.

Positives verdient es, beachtet zu werden, und es verdient mehr Beachtung als Negatives. Wer positiv denkt, konzentriert sich mehr auf die positiven Seiten der Welt als auf die negativen Seiten und erkennt Positives auch dadurch an, dass er es in positiver Erinnerung bewahrt.

Lob bringt positive Bewertungen offen zum Ausdruck. Es sei denn, es handelt sich um Heuchelei, bei der man etwas, das man im Grunde negativ findet, nur deshalb lobt, weil man hofft, dass man für seine Schmeichelei mit einer Gegenleistung belohnt wird.

Auch indem wir uns bedanken, erkennen wir Positives demonstrativ an.

Positives verdient Anerkennung nicht nur, wenn es im Vordergrund steht, neu ist oder besonders teuer war. Auch Rahmenbedingungen, Bewährtes und Kostenfreies verdienen oft Anerkennung. Was nichts kostet, kann sehr wohl etwas wert sein. Wahrheit, Gesundheit und Schönheit sollten wir auch würdigen, wenn sie kostenfrei präsent sind. Gerade auch

Schönes in der Natur verdient Würdigung: das Fließen von Wasser, der Sternenhimmel, Farbenspiele aus Sonne und Wolken, die vielfältigen Formen des Lebens, der Wechsel der Jahreszeiten und vieles mehr.

Bücher, Filme, Bibliotheken und Museen bieten Zugang zu einem schier unermesslichen Schatz an Inhalten, ohne dass man dafür viel zahlen muss. Die hohen Entstehungskosten verteilen sich auf alle Nutzer, aber jedem Nutzer stehen die Inhalte gleichermaßen in vollem Umfang zur Verfügung. Die meisten Inhalte im Internet sind sogar kostenfrei abrufbar, wobei sie allerdings zur Finanzierung, wie auch im Fernsehen, oft von Werbung begleitet werden.

Wer nur würdigt, was sein exklusives Privateigentum ist, übersieht und verpasst fast alles, was es an Positivem gibt.

Staunen

Eine besondere Form der Würdigung ist Staunen. Große Spektakel, menschliche Höchstleistungen und komplexe Funktionszusammenhänge in Natur und Technik beeindrucken, verblüffen und lösen Begeisterung und Bewunderung aus.

Wenn wir staunen, erkennen wir an, dass ein Phänomen überraschend und außergewöhnlich ist, dass seine Entstehung nicht selbstverständlich und vielleicht sogar rätselhaft ist und dass es sich nicht schnell und einfach reproduzieren lässt. Das, worüber wir staunen, übersteigt das Normale und führt uns eigene Grenzen vor Augen.

Das im Staunen enthaltene Eingeständnis eigener Grenzen bewirkt Respekt. Staunen wirft die Frage auf, wie es zu dem Erstaunlichen kommen konnte. Es regt somit Interesse und Neugier an und fördert den Wunsch, nachzuforschen und den Dingen auf den Grund zu gehen. Wer über ein Zauberkunststück staunt, würde den Trick gerne verstehen. Erstaunliches erlangt große Präsenz in unserem Bewusstsein, kann bisherige Vorstellungen ins Wanken bringen und Lerneffekte herbeiführen.

Genießen

Dem Wohlbefinden sehr zuträglich ist es, Positives schlicht und einfach zu genießen und sich ganz unmittelbar am Schönen und seiner Vielfalt zu erfreuen.

Das, was man genießt, mag etwas gekostet haben. Das Genießen selbst kostet aber nichts.

Feiern dienen dazu, besondere Momente und Ereignisse so auszugestalten, dass man sie in besonderem Maße genießen kann.

Respekt

Toleranz

Achtung und Respekt aufzubringen, bedeutet insbesondere auch, tolerant zu sein. Wer tolerant ist, verzichtet darauf, Vorstellungen, Werte und Lebensentwürfe anderer, die er auf den ersten Blick nicht versteht oder nicht nachvollziehen kann, vorschnell negativ zu bewerten. Toleranz bewirkt, dass man negative Bewertungen und Ablehnung mäßigt und sich impulsiver negativer Emotionen, Beleidigungen und Hetze enthält.

Wer tolerant ist, findet etwas nicht einfach nur deshalb schlecht, weil es fremdartig, neuartig oder ungewöhnlich ist oder es ihm an Erfahrung damit mangelt. Bei Toleranz lässt man andere Meinungen, Vorstellungen und Kulturen gelten und fortbestehen und versucht nicht, sie zu eliminieren.

Dass Menschen unterschiedliche Vorstellungen haben, steht

außer Frage. Die Frage ist eher, wie man damit umgeht. Bei Toleranz ist man sich einig, dass es nicht so schlimm ist, wenn man sich nicht in allem einig ist. Wer tolerant ist, bemüht sich, andere nicht zu bevormunden und zu zwingen. Er billigt anderen Meinungsfreiheit und das Recht zu, im Rahmen des gesetzlich Erlaubten frei über ihr Handeln zu entscheiden.

Insbesondere billigt man bei Toleranz jedem zu, dass er Menschenwürde hat, sein Leben einen Wert hat, er nach Glück und Freiheit von Leid strebt und es sich bei ihm nicht um eine beliebige Sache handelt.

Toleranz erleichtert angesichts allgegenwärtiger Meinungsunterschiede und Konfliktpotenziale ein harmonisches Miteinander und ermöglicht eine harmonische Gemeinschaft, eine friedliche Koexistenz und ein pluralistisches Nebeneinander unterschiedlicher Menschen und Kulturen. Sie erlaubt allen Beteiligten, das Gesicht zu wahren, schützt vor Eskalation und einem offenen Ausbruch von Konflikten und erweitert den Spielraum für die Entfaltung von Positivem.

Sich auf Toleranz zu verständigen, stellt einen Minimalkonsens dar. Ohne ein Mindestmaß an Toleranz und Achtung können wir nicht in Frieden und Harmonie leben.

Bemühen um Verständnis

Toleranz ist ein erster Schritt hin zu Respekt, ein Bemühen um Verständnis ist ein zweiter.

Wer sich um Verständnis bemüht, erkennt an, wenn fremdartiges oder unverständliches Verhalten zumindest unschädlich ist oder er darin immerhin partiell Positives erkennen kann. Er ist gegenüber seinen eigenen Bewertungen skeptisch und räumt ein, dass er sich nicht immer sicher ist und täuschen kann. Wenn wir fremdartiges Verhalten genauer betrachten, können wir insbesondere auch begreifen, aus welchen Bedingungen, Ursachen und Lebensumständen es erwächst.

Wer sich selbstkritisch damit auseinandersetzt, wie er andere bewertet, kann impulsive Vorurteile überwinden und zu angemesseneren Einschätzungen vordringen.

Aber es gibt auch Grenzen des Verstehens und der Toleranz. Wenn alles Bemühen um Verständnis erfolglos bleibt, gelangt Toleranz an ihre Grenzen. Es gibt auch Verhalten, das man unter Nutzung all seines Verstands nur negativ finden kann und das man somit vernünftigerweise nicht tolerieren kann. Angesichts von solchem Verhalten ist man gefordert, korrigierend einzugreifen oder es gänzlich zu unterbinden.

Zu den Verhaltensformen, die Intoleranz verdienen, gehört Intoleranz selbst, und zwar insbesondere Intoleranz gegenüber Tolerablem. Wer Tolerablem mit Intoleranz begegnet, dem gegenüber ist Intoleranz angebracht.

Selbstachtung

Ein Spezialfall des Respekts ist die Selbstachtung. Auch an sich selbst kann man mitunter das eine oder andere fragwürdig und unverständlich finden. Und auch hier kann Toleranz und ein Bemühen um Verständnis hilfreich sein.

Neben dem eigenen Körper als Wohnort des Bewusstseins verdient insbesondere auch der eigene Verstand Respekt.

Was man auf Basis seines Verstands an sich selbst positiv findet, darauf darf man auch stolz sein. Und es gibt keinen Grund, sich verunsichern zu lassen und sich selbst für etwas zu kritisieren, das allein durch impulsive und launenhafte Vorurteile infrage gestellt wird.

Zu Selbstachtung gehört auch, dass man sich bemüht, sein Gesicht zu wahren, so wie man es aus Respekt auch anderen ermöglicht, ihr Gesicht zu wahren.

Respekt gegenüber anderen und Respekt gegenüber sich selbst sind zwei Seiten derselben Medaille. Wer sich selbst nicht respektiert, hat meist auch Mühe, andere zu respektieren. Und wer Menschen allgemein nicht respektiert, hat meist auch Mühe, sich selbst zu respektieren.

Sympathie

Identifikation

Manche Menschen bewerten wir positiver als andere. Menschen, deren Vorstellungen, Werte, Verhalten und Werke wir positiv und erfreulich finden, bringen wir Sympathie entgegen.

Sympathie beruht darauf, dass man vermutet oder bestätigt findet, dass eine andere Person die eigenen Werte teilt und man sich mit den Werten und Ansichten dieses Mitmenschen identifizieren kann.

Wenn man sich bei Bewertungen gegenseitig zustimmen kann und sich einig ist und somit ähnliche Vorstellungen von Positivem und Negativem, von Schönem und Scheußlichem hat, gibt es in der Regel auch gemeinsame praktische Interessen.

Vertrauen

Gemeinsame Werte zu teilen, ist die Basis dafür, anderen zu vertrauen. Bei gemeinsamen Werten muss man nicht befürchten, dass die anderen etwas tun, was eigenen Werten zuwiderläuft.

Wenn man eine andere Person für vertrauenswürdig hält, dann hält man sie für einen guten Bewerter und bei Bedarf auch für einen guten Richter.

Zuneigung

Wenn wir andere sympathisch finden, suchen wir deren Nähe. Gemeinsame Werte vermitteln ein Gefühl der Sicherheit und Geborgenheit und führen zu der Hoffnung, dass ein positives Zusammensein möglich ist.

Bei Antipathie hingegen meiden wir die Gegenwart der anderen und sehen im Zusammensein ein Potenzial für Konflikte und andere negative Folgen.

Wohlwollen

Sympathie bewirkt Wohlwollen. Wenn wir einen anderen Menschen sympathisch finden und uns mit ihm identifizieren, dann möchten wir auch, dass es ihm gut geht.

Ein solches Wohlwollen bei Sympathie ist uneigennützig. Man wünscht dann seinem Gegenüber Gutes unabhängig davon, ob man selbst davon profitiert oder nicht. Nicht selten hat man aber auch selbst etwas davon, wenn andere Fortschritte bei der Verwirklichung gemeinsamer Werte machen.

Sympathie fördert Mitfreude. Bei Sympathie fällt es uns besonders leicht, gleichfalls zufrieden zu sein und uns zu freuen, wenn andere zufrieden sind und sich freuen, da wir die Gründe der Zufriedenheit und Freude gut nachvollziehen können. Während wir bei Antipathie auf das Glück anderer auch mit Missfallen reagieren können und anderen sogar Schlechtes wünschen können, ist Sympathie frei von Missgunst.

UNSCHULD

Wer in Harmonie mit der Welt leben will und ein positives Selbstbild aufrechterhalten möchte, sollte Schuld vermeiden.

Wir laden Schuld auf uns, wenn wir negative Spuren hinterlassen und die Welt vorsätzlich oder fahrlässig zum Negativen verändern. Schuld wird vermieden, wenn man die Verursachung von Leid vermeidet, sich nicht zu schlechtem Verhalten verleiten lässt und sich für den Fall, dass man doch einmal Schuld auf sich geladen hat, darum bemüht, seine Schuld zu begleichen.

Kein Leid verursachen

Vorsicht
Eine Verursachung von Leid lässt sich oft schon dadurch vermeiden, dass man sich vorsichtig verhält, Risiken rechtzeitig erkennt und umschifft und nicht fahrlässig Dinge tut, die anderen schaden können.

Rücksicht
Auch durch Rücksichtnahme kann man es vermeiden, Leid zu verursachen. Wer Rücksicht nimmt, verzichtet darauf, andere zu stören oder zu strapazieren, für andere anstrengend zu sein, anderen zur Last zu fallen oder anderen Zeit, Geld, Nerven oder Energie zu kosten. Er bemüht sich, bei der Verfolgung seiner eigenen Interessen keine Kollateralschäden für andere, keine Kosten für die Gemeinschaft und keinen Müll zu produzieren. Dazu gehört auch eine Schonung der Natur und der natürlichen Ressourcen und eine Einhaltung von Gesetzen, Verträgen und anderen anerkannten Regeln, denn auch Naturzerstörung und Regelverstöße haben oft negative Auswirkungen auf andere.
Wem das Wohl der anderen nicht völlig gleichgültig ist, der bemüht sich um Rücksichtnahme. Oft kostet es nicht einmal große Mühe, ein bisschen Rücksicht zu nehmen.

Gewaltlosigkeit

Gewalt verursacht Leid. Wer andere misshandelt, quält oder vorsätzlich oder fahrlässig verletzt, macht sich schuldig.

Zu Gewaltausbrüchen kann es kommen, wenn negative Bewertungen emotional aufgeladen werden und Zerstörungswünsche auslösen. Es kann aber auch sein, wie bei einem Raubüberfall, dass Gier zu Gewalt führt.

Gewalt kann sich nicht nur gegen Leib und Leben richten, sondern auch gegen das psychische Wohl. Auch wer andere bedroht, beleidigt, herabwürdigt und demütigt, lädt Schuld auf sich.

Zu Gewaltlosigkeit gehört auch ein Verzicht auf Zwang. Es gibt allerdings Situationen, in denen Zwang gerechtfertigt sein kann. Gefahr im Verzug ist so ein Fall. Insbesondere ist dies aber auch der Fall, wenn der Staat für eine Straftat eine Strafe verhängt. Durch die Strafe wird der Täter zu etwas gezwungen, das sein Wohl mindert. Indem denjenigen, die schuldhaft Leid verursachen, selbst Leid auferlegt wird, werden Menschen davon abgeschreckt, sich schuldig zu machen. Es ist im Interesse des Gemeinwohls, dass jeder negative Konsequenzen für sich fürchten muss, wenn er anderen Leid zufügt.

Unverleitbarkeit

Wer sich nicht schuldig machen will, sollte sich nicht zu üblem Verhalten verleiten lassen und keine Beihilfe bei Bösem leisten. Wer als williger Helfer oder skrupelloser Komplize einer unmoralischen Führung folgt, sich aus Kameradschaft oder Kumpanei bei Bösem beteiligt, sich bestechen lässt, Unredliches zu tun, oder aus Gier zu kriminellen Mitteln greift, der schadet der Welt und bringt sich um eine harmonische Teilhabe an der Welt. Um sich nicht zu Bösem verleiten zu lassen, gilt es, unbeirrbar zu sein, sich nicht verbiegen zu lassen, seinem Verstand zu folgen und nur Autoritäten anzuerkennen, die sich verstandesgemäßen Werten verpflichtet haben.

Schuld begleichen

Insofern man Schuld auf sich geladen hat, kann man versuchen, seine Schuld zu begleichen. Zum einen kann man um Entschuldigung und Verzeihung bitten. Zum anderen kann man sich bemühen, seine Schuld wiedergutzumachen, indem man den Schaden ersetzt oder durch Positives kompensiert.

Man kann Schuld eingestehen und bereuen und dadurch die Geschädigten milde stimmen. Durch positives Verhalten oder das Akzeptieren einer Strafe kann man es für die Geschädigten leichter machen, Schuld zu verzeihen und zu vergeben. Manches ist auch eher entschuldbar als anderes. Letztlich gibt es aber keinen Weg, schlechtes Verhalten ungeschehen zu machen und Schuld komplett aus der Welt zu schaffen. Jeder mindert durch schlechte Taten den Wert und den Sinn seines Lebens.

EIGENE WEITERENTWICKLUNG

Man kann sich auch auf Einklang mit der Welt ausrichten, indem man sich geeignet weiterentwickelt. Dies kann man tun, indem man Brauchbares lernt, Ressourcen für den eigenen Lebensunterhalt aufbaut, sich an gegebene Verhältnisse anpasst oder sich so ändert, dass man sich ein erfreuliches Leben erleichtert.

Es ist ein natürlicher Prozess, dass wir uns im Laufe des Lebens dadurch weiterentwickeln, dass wir vielfältigen Einflüssen ausgesetzt sind, Erfahrungen sammeln, Vorstellungen anpassen und reifer werden.

Lernen

Sich qualifizieren

Jeder kann sich weiterentwickeln, indem er sich durch Lernen ertüchtigt, zusätzliche Kenntnisse und Qualifikationen erwirbt und neue Fähigkeiten und neues Können erlangt. Jeder kann nützliches Wissen und Know-how aufbauen und ausbauen und hat Potenziale, Begabungen und Talente, die er entfalten kann.

Wer lernt und übt, stärkt seine Stärken, schwächt seine Schwächen und gewinnt Sicherheit. Stärken und Schwächen sind dabei oftmals zwei Seiten derselben Medaille, da sich manche Stärken kaum gleichzeitig verwirklichen lassen. So passen Schnelligkeit und Gründlichkeit kaum gemeinsam unter einen Hut.

Beim Lernen kann man sich an Vorbildern orientieren und sich von überzeugenden Mitmenschen inspirieren lassen. Oder man kann sich auch davon leiten lassen, ob es sich um anerkannte, nachgefragte und gut entlohnte Kompetenzen handelt.

Lernen lernen

Auch das Lernen selbst können wir lernen, indem wir Lernstrategien erlernen. Autodidaktische Fähigkeiten werden kultiviert durch Auslotung der Potenziale der eigenen Wahrnehmung und des eigenen Verstands. Durch Konzen-

tration, Selbstkritik, Intuition, Perspektivwechsel und Kreativität können wir das eigene Lernen anregen.
Es ist nie zu spät, sich zu bilden oder weiterzubilden. Im Leben kann man lebenslang lernen, und um dies zu tun, sollte man sich Lernbereitschaft und Belehrbarkeit erhalten.

Erinnerungen bewahren
Die schönsten Erfahrungen und Erkenntnisse sind ohne bleibenden Effekt, wenn wir sie nicht in Erinnerung behalten. Wenn man etwas Nützliches gelernt hat, dann sollte man es in seinem Gedächtnis speichern, um auch in Zukunft darauf zurückgreifen zu können. Nutzloses hingegen kann man getrost vergessen.
Neben dem Gedächtnis können wir uns bei der Bewahrung von Erinnerungen auch anderer Erinnerungshilfen bedienen, denn die Vergangenheit hinterlässt Spuren auch in Form von Texten, Bildern und Gegenständen. Wer Spuren sichert, hält die Vergangenheit lebendig und entdeckt manchmal sogar noch Neues in ihr. Wenn man hingegen keine Spuren sichert, gerät Vergangenes und in der Vergangenheit Erlerntes leicht in Vergessenheit.

Aus der Vergangenheit lernen
Erinnerungen sind ein Steinbruch, aus dem wir Erkenntnisse und Wissen generieren können. Aus positiven wie negativen Erinnerungen lernt man etwas über das Zusammenspiel von Ursachen und Wirkungen, über die Möglichkeiten, wie man Positives fördern und Negatives vermeiden kann, und somit über die Bedingungen für Glück und Leid.
Es geht nicht darum, die Vergangenheit in dem Sinne zu bewältigen, dass man sie zum Positiven hin verbiegt, sondern darum, die Vergangenheit zu verarbeiten, zu deuten, zu er-

klären und so zu verwerten, dass man aus ihr brauchbare Empfehlungen für die Zukunft ableitet. Durch Erfahrung wird man klug. Erfahrung kann Verhaltensmuster bestätigen oder auch infrage stellen. Um zu robusten Empfehlungen für die Zukunft zu gelangen, empfiehlt sich ein möglichst objektiver, emotionsloser Blick auf die Vergangenheit, der Verklärungen und Verteufelungen meidet. Es bleibt aber immer ein Risiko, dass man die Vergangenheit fehldeutet, die eigenen Erinnerungen manipuliert und dann falsche Schlüsse zieht.

Ressourcen aufbauen

Wissen und Fähigkeiten sind Ressourcen, die man durch Lernen erwirbt. Daneben gibt es aber noch viele weitere Ressourcen für das Leben. Zu diesen Ressourcen gehören Energie, Kapital, Handlungsspielräume, Werkzeuge, Rechte, Macht, Ansehen, Beziehungen und vieles mehr. Durch Ressourcen gewinnt man Stabilität, Unabhängigkeit, Handlungsfreiheit und Einflussmöglichkeiten. Ressourcen dienen auch als Reserven für schlechte Zeiten. Durch Ressourcen erleichtert man es sich, gemäß eigenen Werten im Einklang mit der Welt zu leben. Jeder kann an seinen Ressourcen arbeiten, sich Ressourcen erschließen und seine Ressourcen ausbauen.

Sich anpassen

Niemand kann die Welt komplett auf den Kopf stellen. Manches ist, wie es ist. Daher lebt es sich oftmals harmonischer, wenn man sich anpasst. Wer anpassungsbereit, flexibel und geschmeidig ist, dem ergeht es nicht selten besser als jemandem, der gegen alles um sich herum ankämpft, gegen Unabänderliches anrennt und immer wieder mit dem Kopf durch die Wand will.

Entsubjektivierung

Anpassung beinhaltet, sich von Vorstellungen zu lösen, die nicht im Einklang mit Wahrnehmung und Verstand stehen, und vom Subjektiven und Emotionalen zum Objektiven und Rationalen überzugehen. Wer sich von Empirie und Ratio leiten lässt, schafft in seinem Bewusstsein Platz für Objektivität und nähert sich in seinen Vorstellungen und Wünschen der Realität an. Durch eine kritische, rationale Überprüfung eigener Vorstellungen kann objektiv Fragwürdiges entlarvt und Entsubjektivierung bewirkt werden, solange Einsicht nicht durch starren Eigensinn blockiert wird.

Durch Entsubjektivierung löst man sich von wahn- und zwanghaften Vorstellungen, unvernünftigen Wünschen, impulsiven Launen und unbeherrschten Emotionen. Man überwindet Illusionen, Einbildungen, Luftschlösser, Zerrbilder und Vorurteile und lässt Obsessionen und Fanatismus hinter sich.

Zu Entsubjektivierung gehört auch, sich von Fehleinschätzungen eigener Qualitäten und Selbstüberschätzung zu befreien.

Wer sich um Entsubjektivierung bemüht, sollte sich auch durch subjektive Vorstellungen anderer nicht bevormunden lassen und auf blinden Glauben an Ideologien und Dogmen verzichten.

Sich fügen

Oft ist es im eigenen Interesse, sich mit Gegebenem abzufinden und sich zu fügen. So sollte man die Gesetze befolgen, wenn man keinen Ärger bekommen möchte.

Zielkonflikte können es nahelegen, sich in Kompromisse zu fügen. In einer schwierigen Lage, in der man sich nicht selbst orientieren kann, empfiehlt es sich, sich kompetentem Rat zu fügen. Und was die Vergangenheit betrifft, bleibt uns gar keine andere Wahl, als uns dem Schicksal zu fügen.

Man hat schlicht nicht die Kapazitäten, auf alles Einfluss zu nehmen, kann vieles nur hinnehmen und vielem nur seinen Lauf lassen.

Oft ist es auch zum eigenen Vorteil, sich in eine Gemeinschaft einzufügen, dort seine Nische zu finden oder seinen zugewiesenen Platz einzunehmen, den Erwartungen der anderen gerecht zu werden und dadurch an gegenseitiger Fürsorge teilzuhaben.

Verzicht

Sich an die Welt anzupassen, kann auch freiwillige Selbstbeschränkung und Verzicht bedeuten. Man kann darauf verzichten, die Wirklichkeit an sich selbst anzupassen und aussichtslose Kämpfe zu führen gegen Gegebenheiten, die zwar nicht schön, aber nicht zu ändern sind. Man kann darauf verzichten, Vorteile auf Kosten anderer zu erlangen. Man kann im Konsum bescheiden und genügsam sein, sich entschleunigen, sein Leben vereinfachen und Komplexität zurückbauen, indem man Unnötiges weglässt. Manchmal ist es auch sinnvoll, sich schlicht und einfach zurückzuziehen.

Grundlage einer freiwilligen Beschränkung des eigenen Verhaltens ist eine freiwillige Beschränkung der eigenen Wünsche. Um sich der Welt anzupassen, kann man Ansprüche und Ziele fallen lassen und aufgeben. Anpassung an die Welt und die Wirklichkeit wird erleichtert durch ein Zurückschrauben von Egozentrik, Selbstbezogenheit, Subjektivität und Egoismus.

Sich ändern

Selbstreflexion
Bei Selbstreflexion geht es darum, über das eigene Bewusstsein und somit über sich selbst nachzudenken. Indem wir uns auf unsere Bewusstseinsinhalte konzentrieren, machen wir uns unser Bewusstsein bewusst. Indem wir die Inhalte unseres Bewusstseins betrachten, analysieren und bewerten, gelangen wir zu Selbsteinschätzungen und entwickeln ein Selbstbild. Dieses Selbstverständnis wächst durch Selbsterkenntnis.

Um ein realistisches Selbstbild zu erlangen, kann es helfen, Feedback anderer einzuholen und zu überdenken, also das bisherige Selbstbild mit dem Fremdbild, das andere von uns haben, zu vergleichen.

Selbstreflexion beinhaltet Selbstprüfung und Selbstkritik in der Absicht, Defizite im eigenen Bewusstsein zu erkennen und zu beseitigen. Solche Defizite können die Form von Widersprüchlichkeiten, Wahnvorstellungen oder Unwissen haben.

Durch Selbstreflexion arbeiten wir an unserem Bewusstsein. Dies führt gelegentlich zu Selbstvergewisserung und Selbstbestätigung, mitunter aber auch zu Selbstzweifeln und einer Korrektur, Neuordnung und Vervollständigung einzelner Inhalte unseres Bewusstseins.

Weiterentwicklung der individuellen Identität
Zwei beliebige Menschen unterscheiden sich typischerweise in ungefähr einem Promille ihres Erbguts. Das bedeutet, dass sich im Erbgut dieser beiden Menschen einige Millionen Basenpaare unterscheiden, was Unterschiede im Stoffwechsel und im Körperbau nach sich zieht. Jeder Mensch hat also eine

individuelle genetische Identität, die nur im Rahmen von Gentherapie punktuell beeinflussbar ist.

Darüber hinaus unterscheiden sich alle Menschen aufgrund unterschiedlicher Lebensumstände und Lebenserfahrungen, wobei die biografische Individualität teilweise wieder eine Folge der genetischen Individualität ist.

Die Individualität der Gene und des Lebenslaufs bewirkt, dass jeder Mensch eine individuelle Persönlichkeit, einen individuellen Charakter, eine individuelle psychische Identität und individuelle Überzeugungen hat. Die individuelle Identität auf Basis des eigenen Erbguts und der eigenen Historie äußert sich in wiedererkennbaren, weitgehend stabilen Erscheinungsmerkmalen. Zu diesen Merkmalen gehören insbesondere die körperliche Konstitution, das Temperament, typische Verhaltensdispositionen sowie persönliche Stärken und Schwächen. Gesellschaftlich bewirken solche Persönlichkeitsunterschiede Pluralismus und regen so Kreativität an.

Die eigene Identität ist also nicht einfach austauschbar. Dennoch besteht die Möglichkeit, dass sie sich verändert. Die eigene Persönlichkeit kann zum einen durch äußere Einflüsse neue Prägungen erhalten, wir können sie aber auch in begrenztem Maße über längere Zeiträume hinweg bewusst selbst weiterentwickeln. Eine bewusste Persönlichkeitsentwicklung aus eigenem Antrieb ist möglich. Unter Einsatz unseres Verstands können wir unser Bewusstsein transformieren. Wir können an uns arbeiten, neue Überzeugungen verinnerlichen, Selbstdisziplin aufbringen, Lebensweise und Gewohnheiten ändern und, gemessen an unseren eigenen Werten, zu besseren Menschen werden.

Wenn sich Selbstverbesserung an verstandesgemäßen Werten orientiert, findet in einer solchen Verwirklichung eigener Potenziale der Wesenskern des Menschen Ausdruck.

TEIL 5
WEGE FÜR HARMONIE ZWISCHEN BEWUSSTSEIN UND WELT:
POSITIV AUF DIE WELT EINWIRKEN

Zu Harmonie zwischen dem eigenen Bewusstsein und der eigenen Umwelt, einschließlich der Mitmenschen, trägt es in hohem Maße bei, wenn man Wertschätzung für seine Umwelt aufbringt, sich nicht gegenüber seiner Umwelt schuldig macht und sich in einer Weise entwickelt, die im Einklang mit der Umwelt steht.

Man kann allerdings auch darüber hinausgehen und sich an eine aktive Umgestaltung der Welt begeben mit dem Ziel, die Welt gemäß den eigenen Werten zu verändern und zu verbessern.

Wer seine Einflussmöglichkeiten und Gestaltungsspielräume nutzt und in die Welt eingreift, um dort die Lage zu verbessern, konstruktive Wirkungen zu erzielen, erfreulichen Wandel zu verursachen und sinnvolle Spuren zu hinterlassen, übernimmt Verantwortung für die Welt. Da offensichtlich noch lange nicht alle Probleme der Menschheit gelöst sind, gibt es viele Möglichkeiten, durch aktives Handeln positiv auf die Welt einzuwirken, positive Beiträge zum Lauf der Dinge zu leisten, negative Kräfte zu schwächen und somit Positives zu erhalten und zu erschaffen.

Zu den Wegen, um positiv zur Welt beizutragen, gehören insbesondere ein tugendhaftes Auftreten, Produktivität, Kreativität und Altruismus.

TUGENDHAFTES AUFTRETEN

Die vier klassischen Kardinaltugenden sind Gerechtigkeit, Mäßigung, Tapferkeit und Klugheit. Wer tugendhaft ist, verhält sich maßvoll, tapfer und klug und setzt sich für Gerechtigkeit ein. Grundlage von Tugendhaftigkeit sind überzeugende Werte, an denen man sich mit Selbstdisziplin ausrichtet und für deren Verwirklichung man seine Energie und sein Wissen einsetzt.

Wer sich tugendhaft verhält, ist bei anderen gerne gesehen und wird von anderen als eine überzeugende Persönlichkeit anerkannt, mit der man gut zusammen sein kann und gerne zusammen sein mag. Tugendhaftigkeit geht einher mit angenehmem Auftreten, positiver Ausstrahlung, Kultiviertheit und sozialer Gewandtheit und ist die Basis von natürlicher Autorität und Charisma.

Wer sich tugendhaft verhält, genießt Aufmerksamkeit, Sympathie und Ansehen. Er hat eine Vorbildfunktion, regt andere zu Gefolgschaft oder Nachahmung an und kann auch recht leicht pädagogische Effekte erzielen. Er entfaltet allein schon durch die Art seines Auftretens eine positive Wirksamkeit.

Tugendhaftigkeit ist ein hoher Verhaltensstandard, der im Grunde an alle Menschen angelegt wird, insbesondere aber an diejenigen, die für sich eine Führungsrolle beanspruchen.

Während überzeugende Werte die Grundlage für Tugendhaftigkeit bilden, ist diese wiederum eine gute Basis für Produktivität, Kreativität und Altruismus.

Werte repräsentieren

Ein tugendhafter Mensch strahlt aus, dass er sich verstandesgemäßen Werten wie Harmonie, Gemeinwohl, Wahrheit, Gesundheit und Schönheit verpflichtet fühlt.

Konsistentes Auftreten

Konsistentes Auftreten bedeutet, dass logische Widersprüche innerhalb des eigenen Verhaltens und ein Verhalten, das offensichtliche Fakten nicht angemessen berücksichtigt, vermieden werden. Es bedeutet, dass Logik und Fakten ernst genommen werden.

Wer konsistent auftritt, sagt und tut nichts, was in unbegründetem logischem Widerspruch zu dem steht, was er zuvor gesagt und getan hat. Konsistentes Auftreten erlaubt durchaus unterschiedliche Verhaltensweisen im Verlauf der Zeit, aber es verbietet unvereinbare Verhaltensweisen.

Wer konsistent auftritt, hält sich auch selbst an das, was er von allen anderen erwartet. Er legt nicht in leichtfertiger, unüberlegter, unseriöser Weise ein Verhalten an den Tag, das er selbst ablehnt, sobald er darüber nachdenkt. Und er kann die logische Vereinbarkeit seiner Verhaltensweisen überzeugend darlegen.

Basis für ein konsistentes Verhalten sind konsistente Vorstellungen, Anschauungen und Überzeugungen, die im Einklang mit der Realität stehen.

Durch Verzicht auf inkonsistentes Verhalten wirkt man geradliniger und berechenbarer und vermeidet Missverständnisse.

Für den Fall, dass man sich doch einmal in Widersprüche verstrickt, bedeutet konsistentes Auftreten, dass man die Widersprüche nicht unter den Teppich kehrt, sondern dass man sie aufzulösen versucht.

Fairness

Fairness ist von Belang, wenn wir in der Position sind, Sachen, Rechte, Lohn und Strafe oder ganz allgemein Positives oder Negatives an andere zu verteilen.

Eine faire Verteilung orientiert sich an objektiven Maßstäben, an allgemein anerkannten, durch Vereinbarung legitimierten Regeln und am objektiven Verdienst. Bei einer fairen Verteilung werden gegenüber allen Beteiligten, auch gegenüber der eigenen Person, dieselben Maßstäbe angelegt. Allen wird dann ein Anspruch auf Anwendung derselben Regeln zugebilligt und dieselbe Chance gegeben, im Rahmen der Regeln ein Stück vom Kuchen zu bekommen.

Bei Fairness wird auf willkürliche Diskriminierungen verzichtet, und niemand wird regelwidrig bevorteilt oder benachteiligt. Dazu gehört auch, dass man nicht Einzelne schlechter stellt, indem man sie durch Falschaussagen und Fehlurteile belastet.

Fairness führt zu einer gerechten, unvoreingenommenen, ausgewogenen und nachvollziehbaren Verteilung.

Verteilungsgerechtigkeit beinhaltet Bewertungsgerechtigkeit. Wenn Bewertungen fair verteilt werden, wird objektiv Positives gelobt und objektiv Negatives getadelt.

Guter Geschmack

Zur Ausstrahlung von Werten gehört es auch, einen Sinn und ein gutes Gespür für Schönheit an den Tag zu legen. Durch ein gutes Schönheitsempfinden zeigt man, dass man überzeugende Vorstellungen von Schönheit verinnerlicht hat.

Guten Geschmack kann man in allen Bereichen seines Lebens beweisen, indem man sich bei allem, was man tut, bemüht, den ästhetischen Aspekt nicht außer Acht zu lassen und einen ansprechenden, gefälligen Stil zu kultivieren.

Scham
Auch durch Scham kann man Werte bestätigen. Indem wir Bedauern und schlechtes Gewissen zeigen, wenn wir uns doch einmal im Widerspruch zu anerkannten Werten verhalten haben, machen wir deutlich, dass wir diese Werte keineswegs grundsätzlich infrage stellen, sondern weiterhin anerkennen, und dass wir unser Verhalten als eine Art von Unfall betrachten, der uns peinlich ist und uns leidtut.
Wenn uns inkonsistentes, unfaires oder geschmackloses Verhalten unterläuft, haben wir Anlass, uns zu schämen.
Durch Scham signalisiert man, dass man die Verantwortung für seine Fehlleistung übernimmt und dass man seinen Fehler gerne wiedergutmachen möchte.
Man kann sich auch für andere schämen, wenn diese anerkannte Werte verletzen. Eine gesteigerte Form von Scham liegt vor, wenn man in Anbetracht von eigenem oder fremdem Verhalten Abscheu oder Ekel empfindet.
Wer schamlos Werte verletzt und dabei keinerlei schlechtes Gewissen zeigt, gilt sicher nicht als tugendhafter Mensch.

Selbstdisziplin im Auftreten

Bei Selbstdisziplin geht es um Selbstbeherrschung, Selbstkontrolle und Selbstregulierung, um die Kanalisierung der eigenen Energien und darum, dass man sich zusammenreißt und im Griff hat.

Vernünftiges Verhalten
Zu Selbstdisziplin gehört, das konsequent in die Tat umzusetzen, was man mit seinem Verstand für notwendig, sinnvoll oder geboten hält. Entscheidungen sind vernünftig, wenn sie verstandesgemäßen Werten folgen und die beste

Auswahl unter den Alternativen darstellen. Wer rationale Entscheidungen in entsprechendes Verhalten umsetzt, handelt im Einklang mit seinen Überzeugungen und Zielen und macht so aus seinen Normen Fakten.

Wenn wir unsere Energien mit dem Verstand lenken, bemühen wir uns auch in schwierigen Situationen um vernünftiges Verhalten, lassen unseren Verstand nicht von beliebigen Launen, Marotten, Impulsen, dem inneren Schweinehund oder willkürlichen Weisungen anderer verdrängen und vermeiden, etwas zu tun, was wir im Grunde für falsch halten.

Aus der Befolgung des Verstands ergibt sich Verantwortungsbereitschaft, also die Bereitschaft, sich das eigene Tun zurechnen zu lassen und es gegenüber dem eigenen Gewissen oder auch gegenüber anderen Menschen aus Überzeugung zu vertreten, zu begründen und zu rechtfertigen. Bei vernünftigem Verhalten braucht man eine kritische Überprüfung nicht zu fürchten und ist bereit, Rechenschaft abzulegen und Rede und Antwort zu stehen.

Da der Verstand Wesensmerkmal des Menschen ist, ist es ein Ausdruck unseres Menschseins, wenn wir unserem Verstand folgen.

Sorgfalt

Wer selbstdiszipliniert ist, handelt überlegt und planvoll, arbeitet gründlich und genau und bemüht sich um Ordnung und Solidität. Sorgfalt schließt vorschnelles, leichtfertiges, oberflächliches, nachlässiges Handeln aus.

Mäßigung

Wer selbstdiszipliniert ist, mäßigt sich und ist bereit, auch einmal einen Gang hinunterzuschalten. Zur Mäßigung gehören Zurückhaltung, Selbstbeschränkung, eine Zügelung eigener Wünsche, ein Zurückstellen eigener Vorstellungen, Impulskontrolle und eine Bereitschaft zu Kompromiss und Verzicht. Bei Mäßigung geht es auch darum, sich anderen nicht aufzudrängen oder aufzuzwingen, andere nicht zu bedrängen, zu bevormunden oder zu nötigen.

Zu Mäßigendes hängt meist mit Subjektivität, Egoismus und Egozentrik zusammen: Gier, Begehren, Unersättlichkeit, Geltungsdrang, wichtigtuerisches Gehabe, Großspurigkeit, Anmaßung, Überheblichkeit, Aggressivität, Hass, Gewalttätigkeit, Härte im Urteil und im Verhalten, Extremismus, Launen, Marotten, Triebe, Obsessionen, Willkür, Wahnvorstellungen, negative Emotionen, Ungeduld und so weiter.

Grundlage von Mäßigung sind Hemmungen, die nicht zuletzt dazu da sind zu verhindern, dass man überreagiert, hysterisch wird, die Selbstbeherrschung verliert, ausrastet oder durchdreht.

Freundlichkeit

Freundlichkeit ist ein Verhaltensstandard, der insbesondere dann Selbstdisziplin erfordert, wenn man gerade unzufrieden ist und sich nicht wohl fühlt.

Zu Freundlichkeit gehören Umgänglichkeit, Verträglichkeit, Friedfertigkeit, Liebenswürdigkeit, Höflichkeit, Fingerspitzengefühl und so weiter. Wer freundlich ist, ist nett und charmant zu anderen, benimmt sich, respektiert allgemein geschätzte Umgangsformen und bemüht sich darum, anderen nicht auf die Nerven zu gehen, sich mit anderen zu vertragen und zu einem angenehmen Miteinander beizutragen.

Freundlichkeit heißt nicht, dass man auf Kritik und negative Bewertungen verzichtet, sondern dass man diese in einer wohlwollenden Weise und in einem friedlichen Tonfall

vorbringt.
Durch Freundlichkeit wird man nahbar. Bissigkeit, Gereiztheit und Taktlosigkeit hingegen verschrecken andere.

Gute Laune
Gute Laune ist eine positive Haltung, die man kultivieren kann. Gute Laune zeigt sich in Ausgeglichenheit, Aufgeräumtheit, Heiterkeit, Fröhlichkeit und Freude. Wer ein freundliches Gesicht macht, strahlt, lächelt oder lacht, signalisiert gute Laune.

Auch wer gute Laune hat, ist meist nicht frei davon, manches negativ zu bewerten, aber er verzichtet durch emotionale Selbstkontrolle auf einen emotionalen Ausdruck dieser negativen Bewertungen.

Kritik ist im Rahmen guter Laune durchaus möglich, wenn sie spielerisch daherkommt und von Humor und einem Augenzwinkern begleitet wird.

Wer es schafft, vergnügt zu sein und ein sonniges Gemüt an den Tag zu legen, ist in der Regel bei anderen gerne gesehen. Gute Laune und eine positive Stimmung sind ansteckend, so wie sich auch schlechte Laune und Missmut schnell verbreiten. Indem man selbst gute Laune kultiviert, verhilft man oft auch anderen zu guter Laune.

Ausstrahlung von Energie

Psychische Stabilität
Zu den Ressourcen, die Grundlage eigener Wirksamkeit sind, gehört psychische Stabilität. Sie legt man an den Tag, indem man innerlich Ruhe und Haltung bewahrt, gelassen und entspannt bleibt und sich seine innere Balance nicht rauben lässt. Wer psychisch stabil ist, lässt sich durch Stress nicht

nervös machen, lässt sich durch Ungewohntes nicht durcheinanderbringen, macht sich nicht mehr Sorgen als nötig, lässt sich von Emotionen nicht überwältigen und erträgt Negatives, das er nicht ändern kann, ohne Bitterkeit und Schrecken.
Psychische Stabilität beinhaltet auch Selbstvertrauen, Selbstsicherheit und ein positives Selbstwertgefühl. Wenn man Vertrauen hat in die eigene Stabilität und Wirksamkeit, dann lässt man sich auch nicht so leicht verunsichern.
Bei Coolness steigert sich psychische Stabilität zu Unbekümmertheit, Sorglosigkeit, Furchtlosigkeit, Abgebrühtheit, Kaltblütigkeit und Unerschütterlichkeit. Wer cool ist, bewahrt auch in riskanten Situationen ein lässiges Pokerface.

Psychisches Engagement

Willenskraft, Drang, innerer Antrieb, innere Motivation, hohe Erwartungen und ein hoher Anspruch an sich selbst und an die eigene Wirksamkeit sind die Basis freiwilliger Selbstaktivierung. Und falls zum Ehrgeiz dann noch Leistungswille hinzukommt, darf man auch auf Erfolge hoffen.
Bei Mut kommt die Bereitschaft hinzu, seine Komfortzone zu verlassen, Ängste zu überwinden, Entscheidungen zu treffen und Risiken einzugehen. Wenn für eine gute Sache das eigene Wohl riskiert wird, ist sogar von Heldenmut die Rede.
Sich psychisch einzubringen, bedeutet auch, zu dem zu stehen und zu dem zu bekennen, wovon man überzeugt ist, und entschlossen mit Herzblut und kontrollierter Emotionalität dafür einzutreten.
Voller psychischer Einsatz erfordert Konzentration. Um geistig präsent zu sein, sollte man sich sammeln und fokussieren und nicht ablenken lassen.

Physische Stabilität

Physische Stabilität zeigt sich in äußerer Haltung, Robustheit, Standfestigkeit, Belastbarkeit und Unverwüstlichkeit. Entspanntheit, Unverkrampftheit und Elastizität verleihen Stabilität. Eine souveräne, unangestrengte, mühelose Körperbeherrschung signalisiert Fitness und Vitalität. Je größer die körperliche Leistungsfähigkeit und die Energiereserven sind, desto geringer ist das Risiko, dass körperliche Selbstständigkeit körperlicher Hilfsbedürftigkeit weicht.

Physisches Engagement

Wer über Tatkraft und Elan verfügt, bemüht sich, das Hier und Jetzt aktiv zu nutzen und zu gestalten. Er setzt sich mit Eifer und Fleiß ein, strengt sich an, bemüht sich redlich, verlangt sich etwas ab, investiert Ressourcen, gibt sein Bestes und nimmt Risiken und Entbehrungen auf sich.

Man beweist Tatkraft, indem man die Initiative ergreift, anfängt, vorangeht und anführt. Man zeigt Elan, indem man energisch auftritt und hart arbeitet. Die eigentliche Kunst besteht jedoch meist darin, durchzuhalten, am Ball zu bleiben, Ausdauer zu beweisen, nicht zu ermüden, nicht zu erlahmen und auch angesichts von Widrigkeiten und Rückschlägen weiterzumachen.

Im weiteren Sinne gehört zu physischem Einsatz auch Extrovertiertheit und Geselligkeit.

Sich gewaltsam durchzusetzen, zeugt zwar auch von physischem Engagement, ist aber keine Tugend.

Ausstrahlung von Wissen

Erfahrung

Wer seine Fähigkeiten souverän beherrscht und offenkundig

geschickt anwendet, signalisiert, dass er über Erfahrung verfügt. Wer auf seinem Gebiet erprobt ist, sich bewährt hat, indem er sein Können unter Beweis gestellt hat, und somit einen erfahrenen Eindruck macht, auf dessen Sachverstand wird gerne zurückgegriffen. Auch Vielseitigkeit hilft, Erfahrung auszustrahlen.

Die Summe aller Erfahrung zeigt sich dann in Lebenserfahrung. Wer aus seinem Leben lernt und im Zuge dessen auch eine gute Menschenkenntnis und ein gutes interkulturelles Verständnis erlangt, entwickelt Lebensklugheit und kann diese auch vermitteln und weitergeben.

Überzeugungskraft

Natürliche Autorität, Glaubwürdigkeit, Vertrauenswürdigkeit, Seriosität, erkennbare Kompetenz und ein gutes Urteilsvermögen verleihen Überzeugungskraft. Wer verständlich, klar, stringent, nachvollziehbar, vernünftig und sachgerecht argumentiert, dem gelingt es leicht, andere für sich und seine Ansichten einnehmen. Ein überzeugendes Auftreten wird auch gefördert durch rhetorisches Geschick, Esprit, die Fähigkeit, andere zu begeistern, ein gutes Gespür für das Publikum und Authentizität in dem Sinne, dass man selbst für richtig hält, was man sagt und tut. Wer überzeugend auftritt, regt andere an, ihm zu folgen.

Weisheit

Wer weise ist, hat überzeugende Vorstellungen davon, worin positive Lebensinhalte bestehen können und wie ein positives Leben verwirklicht werden kann. Indem er über Überblick, Weitblick und einen Blick für Wesentliches verfügt und in großen Zusammenhängen denkt, strahlt er Reife aus. Er ist interessiert und lernbereit, denkt gerne nach, hat eine gut entwickelte Intuition und kann die Welt mühelos aus unterschiedlichen Blickwinkeln betrachten. Er spielt mit seinen Gedanken, zeigt Fantasie und entfaltet Kreativität. Vielleicht scheint ab und an sogar eine Spur von Genialität auf.

Wer weise ist, handelt bedachtsam, besonnen und umsichtig und mit hohem Verantwortungsbewusstsein.

Auch Demut und ein Wissen um die Grenzen der eigenen Fähigkeiten gehören zu Weisheit. Die Einsicht, dass sich auch bei guter Absicht und redlichem Bemühen manches Wünschenswerte nicht erreichen lässt, bewirkt Milde. Gute Absichten werden dann wohlwollend anerkannt, und ein Scheitern guter Absichten wird mit Humor bedacht.

Ebenso ist es Ausdruck von Weisheit, weniger dem Materiellen und mehr dem Spirituellen Beachtung zu schenken, sich um Entsubjektivierung und Objektivität zu bemühen, den eigenen Egoismus zu mäßigen und eine altruistische Grundhaltung einzunehmen.

PRODUKTIVITÄT

Arbeit

Dienst

Viele stellen sich in den Dienst eines Arbeitgebers, für den sie gegen Lohn arbeiten, verdienen sich durch ihren Dienst ihren Lebensunterhalt und erdienen sich somit ihr Geld.

Wer sich als Mitarbeiter in eine Organisation und eine Hierarchie einordnet, unterwirft sich Fremdbestimmung. Er arbeitet für Chefs und hat deren Anweisungen und Vorgaben Folge zu leisten. Arbeitsabläufe werden standardisiert, reglementiert und mitunter auch getaktet. Oft resultiert daraus repetitive Arbeit in einem durch ein hohes Maß an Arbeitsteilung und formalistischer, administrativer Bürokratie geprägten Rahmen. Bewährte Verfahren und Routine führen schnell und zuverlässig zu bewährten Ergebnissen. Das Risiko, Fehler zu machen, ist niedrig, und die Verantwortung des Mitarbeiters beschränkt sich darauf, sich an die Regeln und Anweisungen zu halten.

Bei solcher Arbeit besteht die Gefahr, dass sie zwar den Lebensunterhalt sichert, ansonsten aber eher unerfreulich ist. Wer Zeit und Energie opfert, um unter Leistungsdruck etwas zu tun, was er im Grunde uninteressant, belanglos und langweilig findet, und genötigt ist, Regeln und Anweisungen auch dann Folge zu leisten, wenn er sie für unüberzeugend hält, lebt in Entfremdung und Disharmonie zu seiner Arbeit. Ihm droht Ermüdung und Abstumpfung.

Ein Ausweg kann dann eine gute Balance zwischen Arbeit und Freizeit sein, bei der das sauer verdiente Geld für die Verwirklichung einer hohen Freizeitqualität verwendet wird.

Als Experte arbeiten

Ein Weg zu Arbeitsfreude kann darin bestehen, sich für eine spezielle Thematik besonders zu interessieren und dort als Experte zu arbeiten. Wer seine Kompetenzen auf einem bestimmten Gebiet so weit ausbaut, dass er den Status eines Experten erlangt und als Experte anerkannt und gefragt ist, kann einerseits oft einen guten Lohn fordern. Andererseits kann er meist recht autonom arbeiten und hat auch die Möglichkeit, sich in seiner Expertise kontinuierlich weiterzuentwickeln.

Er sollte nur aufpassen, dass er nicht zum Fachidioten wird und den Bezug zur Lebenswirklichkeit verliert. Auch hier kann eine klare Trennung von Arbeit und Freizeit helfen.

Selbstbestimmt arbeiten

Wer sich nicht unter Inkaufnahme von Fremdbestimmung in einen größeren Rahmen einbinden lassen möchte, kann auch selbstbestimmt arbeiten. Wer selbstständig arbeitet, kann über sein Tun selbst entscheiden, trägt allerdings auch das volle Risiko für seine Entscheidungen. Da ihm Entscheidungen nicht von anderen abgenommen werden, muss er bereit sein, selbst nachzudenken und eigenen Willen zu entwickeln.

Neben selbstständiger Erwerbstätigkeit gibt es selbstbestimmtes Arbeiten auch in Form von Hausarbeit, Heimwerken und anderen privaten Anstrengungen.

Effizienz

Wirksamkeit

Um Wirkungen, Ergebnisse und Erfolge zu erzielen, ist geeignetes, passenden, sachgerechtes, zielführendes Handeln erforderlich. Wer gut vorbereitet ist, sich die nötige Zeit nimmt, planvoll und strukturiert Schritt für Schritt vorgeht und dabei kontraproduktive Schritte vermeidet, verbessert seine Chance, seine Absichten auch tatsächlich umzusetzen. Je mehr man dabei auf Nachhaltigkeit und eine Bestandsfähigkeit der Ergebnisse achtet, desto weniger muss man befürchten, dass eigene Energien ergebnislos verpuffen, nur Schall und Rauch aufsteigt und inhaltlich nichts Sinnvolles zustande kommt.

Gerade auch der Einsatz verfügbarer Ressourcen erhöht die Wirksamkeit. Neben Fähigkeiten, Wissen, Know-how, Zeit und Energie gehören zu potenziellen Ressourcen auch Mitarbeiter, Macht, Handlungsspielräume, Technologien,

Werkzeuge und Materialien. Solche Ressourcen sind Hebel zur Steigerung der eigenen Wirksamkeit.

Sinnvoll ist auch, dass man für seine Fähigkeiten und Ressourcen ein passendes Wirkungsfeld findet, damit man sie auch tatsächlich einbringen, anwenden und ausnutzen kann. Wenn man etwas tut, wofür man das rechte Maß an Eignung mitbringt, ist das wirksamer, als wenn man unterfordert oder überfordert ist.

Dazu gehört auch, pragmatisch zu sein, sich daran zu orientieren, was machbar ist, und nicht Unmögliches zu versuchen. Ebenso sollte man sich um ein gutes Timing bemühen und ausnutzen, wenn Hindernisse wegfallen und sich günstige Gelegenheiten für eine Entfaltung von Wirksamkeit bieten.

Wirtschaftlichkeit

Ein Vorgehen ist effizient, wenn es sich in keiner Hinsicht verbessern lässt, ohne dass es dafür in anderer Hinsicht verschlechtert werden muss.

Je höher der Nutzen im Verhältnis zu den Kosten ist, je höher der Bedarf und je kostengünstiger die Bedarfsdeckung ist, je mehr erwünschte Effekte gegenüber unerwünschten und Chancen gegenüber Risiken überwiegen, desto wirtschaftlicher sind Aktivitäten. Wenn der Nutzen größer ist als die Kosten, kommt es zu Wertschöpfung, Wertsteigerung oder Gewinn. Falls man hingegen vor einem Dilemma steht und nur zwischen zwei Übeln wählen kann, ist es wirtschaftlich, das kleinere Übel vorzuziehen.

Wirtschaftlichkeit erfordert Sparsamkeit und Rationalität. Es ist nicht sinnvoll, mehr Ressourcen als nötig einzusetzen und Ressourcen nutzlos zu verschwenden. Vielmehr sollte man sich bemühen, den Ressourceneinsatz zu begrenzen und zu verringern. Oft lässt sich die Produktivität durch Rationalisierungsmaßnahmen verbessern. Solche Maßnahmen können in Vereinfachungen, Beschleunigungen, einem Weglassen von Überflüssigem oder auch einem Abbau unvernünftiger Vorgaben bestehen. Wer allerdings um jeden Preis sparen will, führt die Sparsamkeit ad absurdum.

Bei Investitionen äußert sich Wirtschaftlichkeit darin, dass mit niedrigen Kosten in der Gegenwart ein hoher Nutzen in der Zukunft erzielt wird und es somit zu einem guten Return on Investment kommt. Wer auf Wachstumsbereiche setzt, kauft, wenn die Preise niedrig sind, Geduld aufbringt und verkauft, wenn die Preise hoch sind, darf eher auf Ertrag hoffen als der, der sich für stagnierende Bereiche entscheidet, kauft, wenn die Preise hoch sind, ungeduldig ist und verkauft, wenn die Preise niedrig sind.

Nicht nur bei Investitionen in Unternehmen, sondern auch in vielen anderen, alltäglichen Bereichen gibt es Spekulationen auf eine gute Zukunft. So erhofft man sich im Grunde bei jeder Entscheidung, dass sie sich im weiteren Verlauf als richtig und vorteilhaft erweisen wird.

Kooperation

In vielen Fällen kann eine Kooperation mehrerer Beteiligter die Produktivität erhöhen. Zu freiwilliger Kooperation kommt es allerdings nur, wenn der durch die Kooperation entstehende Zusatznutzen so verteilt wird, dass sich für alle Beteiligten Vorteile ergeben.

Der Zusatznutzen kann daraus resultieren, dass die Beteiligten Unterschiedliches einbringen, das sich vorteilhaft ergänzt. Dies ist bei interdisziplinärer Kooperation der Fall. Der Zusatznutzen kann aber auch darin bestehen, dass manche Aufgaben so groß sind, dass sie nur dann bewältigt werden können, wenn mehrere ihre Energie bündeln. Wenn man unter Kollegen oder in einer Mannschaft zusammenhält und vertragsfrei und hierarchiefrei kooperiert, dann agiert man als Verbündete, die ihr Wissen teilen und sich untereinander abstimmen und unterstützen. Mitunter kann man auch in Form eines Netzwerks kooperieren, ohne dass man dafür an einer gemeinsamen Wirkungsstätte zusammenkommen muss.

Kooperation kann sich ohne explizite Absprache einstellen. Oft ist es aber nötig, sich zunächst auf die Kooperation zu verständigen und eine Vereinbarung zu treffen, bei der man sich auf Ziele und Vorgehen einigt und dabei auch Kompromisse eingeht. In Abhängigkeit von der Komplexität der geplanten Zusammenarbeit und vom Maß an gegenseitigem Vertrauen kann es auch geboten sein, die Kooperation durch einen einklagbaren Vertrag zu besiegeln.

Erhaltung von Positivem

Eine besondere Form der Produktivität besteht darin, Positives zu bewahren und für die Zukunft zu sichern. Wenn man sich nicht um die Erhaltung von Positivem kümmert, besteht das Risiko, dass es durch negative Kräfte zurückgedrängt und zerstört wird.

Auch bei der Erhaltung von Positivem kann es helfen, zu kooperieren, sich zu verbünden und zusammenzuhalten.

Negativem vorbeugen

Negativem können wir vorbeugen, indem wir Positives stabilisieren und stärken, Instandhaltung betreiben, schützende Kräfte, Schutzschirme und Sicherheitssysteme aufbauen, gebotene Sicherheitsabstände einhalten, Geborgenheit und Unangreifbarkeit schaffen und Gefahren und negativen Einflüssen keinen Raum und keine Angriffsflächen bieten. Dabei helfen Vorsicht, Wachsamkeit und eine realistische Einschätzung von Risiken.

Um uns selbst zu schützen, sollten wir Negatives meiden, Negativem ausweichen, uns Rückzugsmöglichkeiten schaffen und die eigenen Kräfte nicht mehr als unvermeidlich von Negativem schwächen lassen. Das kann man als einen gesunden Egoismus ansehen.

Böses, Leid verursachendes menschliches Verhalten sollten wir abschrecken durch ein glaubwürdiges Abschreckungsszenario und eine selbstsichere Androhung von Gegenmaßnahmen. Wir sollten böse Absichten erkennen, durchschauen und richtig einschätzen und Böses nicht einladen, indem wir Furcht und Schwäche zeigen.

Negatives bekämpfen

Wenn bereits negative Kräfte wirken, gilt es, sie nicht einfach wirken zu lassen, sondern zurückzudrängen. Frühwarnsysteme erlauben es, negative Einflüsse frühzeitig zu erkennen und ihnen bereits in ihren Anfängen entgegenzutreten, bevor sie sich voll entfalten.

Um negative Einflüsse und ihre Ursachen zu bekämpfen und zu beseitigen, sind wirksame Gegenmittel nötig, die man möglichst rational, ruhig und souverän in objektiv geeigneter Weise einsetzen sollte.

Böses, Leid verursachendes menschliches Verhalten sollte man nicht durch vorschnelle ineffektive Gegenmaßnahmen anstacheln oder durch ein Bereitstellen von Informationen oder anderen Ressourcen stärken, sondern bekämpfen, indem man es entlarvt, bloßstellt, isoliert, entmachtet und entwaffnet. Bösem darf man auch mit Härte entgegentreten. Eskalationen sollte man allerdings vermeiden.

Reparieren
Wenn negative Kräfte ihr Werk getan haben und Schaden entstanden ist, kann man versuchen, den Schaden durch Ausbesserung und Reparatur zu beseitigen und so die ursprüngliche positive Ordnung wiederherzustellen. Bei schweren Schäden ist dies aber oft nicht möglich oder auch nicht wirtschaftlich. Dann kann man das unbrauchbar Gewordene entsorgen und sich bemühen, für das verlorene Positive einen gleichwertigen Ersatz zu finden.

KREATIVITÄT

Kreativität zu entfalten und neue Formen und Inhalte zu erschaffen, erfordert in der Regel mehr geistigen Einsatz als ein bloßes Kopieren und Nachahmen. Grundlage von Schöpfertum ist Fantasie. Neben der Fähigkeit, Möglichkeiten und Spielräume zu erkennen, bereiten Aufgeschlossenheit, Experimentierfreude, ein Gespür für innovative Kombinationen, Gestaltungsfreiheit und Schaffensdrang den Nährboden für Kreativität. Auch eine Zuerkennung exklusiver Verwertungsrechte kann Kreativität fördern.

Innovation, Aufbau und Umbau

Wer bisher Unbekanntes entdeckt oder neue Produkte oder Verfahren entwickelt und der Menschheit so Zugang zu neuen Möglichkeiten verschafft, trägt dazu bei, allgemeinen Fortschritt zu verwirklichen. Innovationen können gravierende

Probleme lösen und die Welt nachhaltig zum Positiven verändern. Innovative Produkte, wie Antibiotika oder Impfstoffe, können enormen Nutzen entfalten, und innovative Verfahren, wie der Einsatz von Fließbändern oder Robotern, können drastische Produktivitätssteigerungen bewirken.

Wer Neues konstruiert, Neues aufbaut oder Unternehmen gründet, bringt ebenfalls die Welt voran. Progressiv verhält sich auch, wer Bestehendes verbessert, renoviert, modernisiert und reformiert. Ein kreativer Umbau kann dabei durchaus mit einer Überwindung von Etabliertem und einer Zerstörung von Überholtem einhergehen.

Stil

Design
Bei allem, was eine Funktion hat, stellt sich die Frage, in welche äußere Form es gebracht werden soll. Meist ergeben sich aus der Funktion und dem Verwendungszweck einige Vorgaben für die äußerliche Gestaltung, aber es bleiben auch Freiräume. So folgen Regenschirme in ihrer Form funktionsbedingt klaren Grundprinzipien, und dennoch gibt es sie in recht unterschiedlichen Varianten.

Wenn für Funktionen ein Design ausgewählt wird, hat dies meist seinerseits eine Funktion: Eine schöne Verpackung, eine ansprechende Formgebung oder ein elegantes äußeres Erscheinungsbild dienen dazu, Wert und Leistungsfähigkeit des Inhalts widerzuspiegeln und hervorzuheben. Die äußere Gestaltung kann einen Schutz und eine Abschirmung darstellen und somit zu einer Stabilisierung und Erhaltung der enthaltenen Funktionen beitragen. Ein gutes Design kann die Nutzbarkeit eines Objekts verbessern, indem es für Transparenz, Übersichtlichkeit, Benutzerfreundlichkeit, Praktikabilität und Ergonomie sorgt. Gerade bei Markenprodukten dient Design auch dazu, die Attraktivität und Wiedererkennbarkeit des Produkts zu steigern. Design stellt also oftmals eine Investition dar, die positive Effekte hervorrufen soll.

Lebensstil
Jeder entfaltet Kreativität, indem er sein Leben ausgestaltet, seinem Leben ein individuelles Erscheinungsbild gibt und einen persönlichen Lebensstil kultiviert. Persönlicher Stil kann sich in jedem Lebensbereich zeigen: im Sprachstil, Kommunikationsstil, Ernährungsstil, Wohnstil, Bekleidungsstil, Arbeitsstil oder im Stil der Freizeitgestaltung.
Der Charakter beeinflusst, zu welcher Stilrichtung man tendiert. Man kann Beständigkeit oder Abwechslung bevorzugen, sich konservativ oder progressiv geben, ein konformistisches oder ein alternatives Leben führen, sich auf seine unmittelbare Umgebung fokussieren oder als Weltbürger auftreten, Sicherheit oder Abenteuer suchen, sich mehr dem Materiellen oder dem Spirituellen zuwenden und so weiter.
Man kann seinen Lebensstil auch im Laufe der Zeit ändern. Und es wandelt sich, welcher Stil gerade gesellschaftlich besonders angesagt und in Mode ist.

Lebenskunst
In schlechten Zeiten und unter widrigen Bedingungen irgendwie über die Runden zu kommen, ist eine Kunst. Mit Lebenskunst ist aber eher gemeint, wie man im Fall von Wohlstand mit der Fülle der Möglichkeiten umgeht und sich ein schönes Leben macht, wenn es nicht an Ressourcen mangelt. Wer tun kann, wozu er Lust hat, hat die Qual der Wahl. Maß und Mitte zu finden, kann durchaus eine Kunst sein, wenn es um Selbstinszenierung, Kür, glanzvollen Auf-

tritt, Luxus, Schmuck und Prachtentfaltung geht.

Niemand kann alle Möglichkeiten verwirklichen, die sich bieten. Jeder hat nur die Kapazität, einige wenige ausgewählte Möglichkeiten zu verwirklichen. Es ist eine große Kunst, die richtige Wahl zu treffen, gerade auch in entscheidenden Momenten des Lebens.

Lebenskunst beinhaltet auch eine Kultivierung der eigenen Fantasie. Wer Fantasie hat, kann Schönes auch dann genießen, wenn es gerade nicht real verfügbar ist. Schöne Fantasien tragen zu einem schönen Leben bei und können sogar schöner sein als die Realität.

Durch das schnelle Wachstum von Medieninhalten und virtueller Realität wird es auch immer mehr zu einer Kunst, zwischen realem Konsum und virtuellem Konsum zu wählen. So bieten Fernsehen, Internet und virtuelle Welten nicht selten Eindrücke, die sich bestenfalls mit erheblicher Mühe durch reales Erleben erlangen lassen. Die Intensität realen Konsums konkurriert mit der Fülle virtuellen Konsums.

Kunst

Originalität
Je mehr bei Kreativität Originalität, Meisterschaft und eine Botschaft im Spiel sind, desto mehr gilt das Ergebnis als Kunst.

Damit etwas als künstlerisches Werk oder künstlerische Leistung anerkannt wird, sind Schöpfungshöhe und ein deutlicher Abstand zu Bisherigem wichtig. Künstler kultivieren oft einen originellen individuellen Stil, der sie erkennbar von anderen abhebt.

Meisterschaft
In Kunst spiegeln sich Können, Virtuosität und Meisterschaft wider. Zu Kunst gehört ein besonderes Geschick bei der Auswahl der Materialen, Motive, Bausteine und Zutaten und ein besonderes Geschick bei der Zusammenführung, Verschmelzung und Synthese dieser Zutaten. Hierbei hilft ein gutes Gefühl für Formen, Harmonien und Variationsmöglichkeiten. Wer ein Meister ist, kann außergewöhnliche Zutaten in außergewöhnlicher Weise kombinieren und auch anspruchsvolle Harmonien verwirklichen. Dies ist bei Bildern, Musik und Literatur nicht anders als bei der Kochkunst.

Künstlerische Botschaft
Kunst ist nicht nur Form, sondern auch Inhalt. Durch ihre Kunst kommunizieren Künstler mit den Betrachtern. Oft folgen sie einer Intention und wollen durch ihr Werk eine Botschaft zum Ausdruck bringen. Betrachter suchen auch oft nach einer solchen Botschaft, fragen sich, was ihnen der Künstler sagen will, und interpretieren die Kunst. So kann der Betrachter durch den Künstler dahin gehend beeinflusst werden, dass er sich erbaut, inspiriert, angeregt, belehrt oder provoziert fühlt.
Mögliche künstlerische Absichten können eine Hervorhebung realer Phänomene, eine Erschaffung eines Vorbilds, eine Darstellung eines Ideals, eine Botschaft der Harmonie und des Friedens oder auch eine Propagierung eines bestimmten Geschmacks oder Stils sein.

Humor

Humor erkennt man nicht zuletzt daran, dass er als spontane, impulsive Reaktion Lachen, Lächeln, Heiterkeit oder ein erfreutes Aufhorchen oder Erstaunen nach sich zieht. Humor tut gut. Wir finden es wohltuend, wenn wir Gelegenheit bekommen zu lachen. Humor hat viele positive Funktionen: Er wirkt anregend und inspirierend, weist auf Möglichkeiten jenseits herrschender Vorstellungen hin, lockert die Perspektive und fördert Stressabbau und Lebensfreude.

Humor ist Ausdruck menschlicher Kreativität, Fantasie und Intelligenz. Wir können Humor hervorbringen, und wir können Humor erkennen und verstehen, wenn wir mit ihm konfrontiert werden. Gelegentlich passiert es allerdings auch, dass etwas humorvoll gemeint ist, aber nicht so verstanden wird.

Harmlose Überraschung

Für die Entfaltung von Humor ist ein Überraschungsmoment wichtig. Dynamik und geschickte Inszenierung spielen oft eine entscheidende Rolle. Es hat allein schon Unterhaltungswert, wenn die Welt mit einem Schlag in neuem Licht erscheint, wenn das Leben durch Abwechslung belebt wird, wenn etwas geschieht, womit man nicht gerechnet hat, und wenn Neugier durch Neuigkeiten befriedigt wird.

Eine Überraschung hat allerdings nur dann humorvolle Züge, wenn sie harmlos ist und nicht ernsthaft negative Folgen, materielle Schäden und physische oder psychische Verletzungen nach sich zieht. Humor zeichnet sich durch die Abwesenheit einer bösen Absicht und durch spielerische Leichtigkeit und Unverbissenheit aus. Böse Überraschungen, Schadenfreude, Zynismus und Groteske sind kein Humor.

Dass beim Humor das Unerwartete oft eher in Worten oder Bildern als in Taten entfaltet wird, liegt auch daran, dass Worte und Bilder tendenziell harmloser sind als Taten. Manches, was in Worten oder Bildern harmlos ist, ist nicht länger harmlos, wenn es in die Tat umgesetzt wird.

Harmlose kreative Abweichung vom Richtigen
Humor ist eine harmlose, kreative Abweichung vom Richtigen oder von dem, was üblicherweise, gemäß herrschenden Vorstellungen als richtig angesehen wird. Es kommt zu einer harmlosen Verdrehung, Verfremdung, Verzerrung, Verfälschung oder Entstellung dessen, was normalerweise als zutreffend angesehen wird. Humor spielt damit, dass neben dem gewohnten Richtigen auch andere Möglichkeiten denkbar sind.

Wenn Dinge, die gemäß vorherrschenden Normen nicht zusammenpassen oder sogar im Widerspruch zueinander stehen, in neuartiger Weise so kombiniert werden, dass sie plötzlich zusammenpassen und Harmonie erkennbar wird, löst dies Verblüffung und Erheiterung aus. Wenn sich Disharmonisches schlagartig zu einem harmonischen Gesamtbild fügt, sind wir erstaunt, erleichtert und erfreut.

Verdrehungen des Richtigen, die eher albern, komisch, skurril oder absurd sind, lockern die Perspektive auf. Verdrehungen, die eher überzeichnend oder überspitzend sind und spezifische Eigenheiten von Menschen oder Situationen parodieren und hervorheben, können aber auch eine spielerische, entschärfte Form von Kritik darstellen. Satire, Karikatur und Kabarett bedienen sich solcher Verfremdungen.

Wenn Bekanntem unzutreffende zusätzliche Facetten angedichtet werden und es dennoch wiedererkennbar bleibt, dann ergibt sich ein origineller neuer Blick auf das Gewohnte.

Eine Sonderform der Abweichung von herrschenden Vorstellungen besteht darin, wenn man sich zu etwas Negativem eine positive Deutung einfallen lässt. Schlechtes durch Beschönigung oder Verharmlosung zu leugnen, ist kein Humor. Wenn wir jedoch Negatives als solches anerkennen und es dennoch schaffen, spielerisch eine positive Deutung hinzuzufügen und zu lachen, zeigen wir Humor. Indem wir Schwächen, Defiziten, Problematischem, Ernstem, Versagen, Unglück oder Unsinn mit gespielter Naivität eine fantasievolle positive Interpretation entgegenhalten, trotzen wir dem Negativen. Wir verteidigen die Fähigkeit, positive Gedanken zu fassen, signalisieren, dass wir vom Negativen nicht vollständig überwältigt und eingeschüchtert sind, und entziehen uns durch den Humor ein Stück weit unserer Betroffenheit.

Im Rahmen von Ironie kann man sich allerdings auch zu Positivem eine harmlose negative Deutung einfallen lassen.

Da Humor von den gewohnten Denkmustern abweicht, kann man mit ihm manchmal auch Differenzen zwischen sehr unterschiedlichen Menschen und Kulturen überbrücken. Dies erfordert allerdings, dass beide Seiten Humor auch als solchen erkennen.

ALTRUISMUS

Altruismus ist das Gegenmodell zum Egoismus. Altruismus liegt vor, wenn wir etwas für das Wohl anderer tun und uns nicht allein auf das eigene Wohl konzentrieren. Wer sich altruistisch verhält, kümmert sich um andere, setzt sich für andere ein, macht sich nützlich, vermittelt anderen Zufriedenheit, erweist anderen einen Dienst und macht sich um andere verdient. Aktiver Altruismus ist anständiges, moralisches, ethisch positives Verhalten.

Beim Altruismus tritt der Eigennutz gegenüber der Uneigennützigkeit in den Hintergrund. Altruismus kann bis zur Selbstlosigkeit gehen und beinhaltet das Risiko der Selbstaufopferung. Selbstaufopferung ist allerdings kontraproduktiv, da sie den Altruismus schwächt, und sie ist meist auch gar nicht nötig, um etwas für das Wohl anderer zu tun. Oft reicht es schon, wenn man dem Wohl anderer überhaupt einen Wert einräumt und ihm nicht völlig gleichgültig gegenübersteht.

Wenn es uns gelingt, etwas für das Wohl anderer zu tun, trägt das auch zu unserem eigenen Wohl bei. Es ermöglicht uns Mitfreude und hat positive Wirkungen auf uns überall dort, wo unser Wohl ganz unmittelbar vom Wohl der anderen abhängt. Man kann das Wohlergehen anderer mehren, ohne das eigene Wohlergehen zu mindern. Das Wohlergehen der Menschen ist kein Nullsummenspiel, bei dem sich jeder nur auf Kosten anderer verbessern kann.

Hilfsbereitschaft

Not lindern
Zu Altruismus gehört, Menschen in Not zu helfen. Not anderer zu lindern und andere von Leid zu befreien, ist aktive Barmherzigkeit. Sich den Schwachen und Hilfsbedürftigen zuzuwenden und ihnen zu helfen, ist gelebte Verantwortung für eine harmonische Gesellschaft. Die heilsame Wirkung von Nothilfe ist besonders groß, wenn es gelingt, nicht nur Symptome der Not zu lindern, sondern die Ursachen der Not zu beseitigen. Nothilfe kann Menschen das Leben retten und ihnen längst verlorene Hoffnung zurückgeben.

Versorgen
Zum Altruismus gehört auch, andere zu versorgen, ohne dass sie unmittelbar in Not sind. Anderen freigiebig und großzügig etwas zu geben oder zu schenken oder mit anderen zu teilen,

trägt zum Gemeinwohl bei.

Es gibt viele unterschiedliche Lebensbereiche, in denen man anderen etwas geben kann. Man kann anderen Zuwendung geben, Halt geben, Unterstützung geben, Energie geben, Informationen geben, Wissen vermitteln, Feedback geben, Rat geben und vieles mehr. Man kann andere ermuntern, bestärken, anregen, fördern und unterrichten. Wir können uns für andere Zeit nehmen, Fürsorge leisten, bei Krankheit beistehen und anderen Hilfe zur Selbsthilfe geben. Die Möglichkeiten, anderen etwas zu schenken, sind zwar nicht unbegrenzt, aber sehr vielfältig.

Überzeugen

Man kann anderen auch helfen, indem man sie überzeugt. Wenn wir jemand anderen von etwas überzeugen, bringen wir seine Vorstellungen in Einklang mit seinem Verstand. Wer andere überzeugt, hilft ihnen, Harmonie zwischen Bewusstsein und Verstand zu entwickeln.

Überzeugen bedeutet, den Verstand anderer anzusprechen und zu aktivieren. Wer überzeugen will, tritt in einen Austausch von Argumenten ein, präsentiert Argumente und geht auf Gegenargumente ein. Er lenkt die Aufmerksamkeit auf Fakten und Voraussetzungen und wendet Logik an. Wenn andere die Argumente nachvollziehen können, hat dies Einfluss auf deren Vorstellungen und Entscheidungen, ohne dass irgendeine Form von Bedrängung oder Bevormundung angewendet wurde.

Wenn man andere überzeugt, aktiviert man sie zu freiwilligen Anpassungen von Vorstellungen und Verhalten. Fakten können zu freiwilligen Verhaltensänderungen führen, aber auch Anreize, die einen direkten Zusammenhang zwischen dem Verhalten und dem Erreichen von Zielen herstellen.

Andere von einem bestimmten Verhalten zu überzeugen, heißt, sie zu diesem Verhalten zu motivieren.
Wenn man andere davon überzeugt, freiwillig zu folgen, dann stellt Führung keine Zwangsausübung, sondern eine Dienstleistung dar. Die Autorität zu führen wird dann letztlich durch den Verstand des Geführten verliehen, der einen Nutzen in der Führung erkennt. Wir folgen freiwillig überzeugenden Vorbildern. Wer uns überzeugt, kann auf unsere freiwillige Gefolgschaft hoffen.
Überzeugungsarbeit ist in besonderem Maße altruistisch, wenn es darum geht, zwischen mehreren anderen Parteien einen Konsens zu vermitteln. Mit überzeugender Diplomatie kann man nicht nur einen Streit, an dem man selbst beteiligt ist, schlichten, sondern auch einen Streit zwischen anderen.
Zum altruistischen Überzeugen gehört auch, dass man andere nur von etwas zu überzeugen versucht, von dem man auch selbst überzeugt ist. Andere zu täuschen, in die Irre zu führen, auszutricksen oder in eine Falle zu locken, ist nicht altruistisch.
Andere zu ihrem Glück zu zwingen, mag zwar im Einzelfall bei Gefahr im Verzug dem Wohl der anderen dienen, hat aber nichts mit Überzeugen zu tun.

Erfreuen

Andere zu erfreuen und ihnen Freude zu bereiten, ist ein besonders direkter Weg, anderen zu mehr Wohlergehen zu verhelfen. Wenn wir es schaffen, anderen Zufriedenheit und gute Laune zu vermitteln, sie zu erheitern, zum Strahlen zu bringen, zu begeistern und zu inspirieren, sind dies gute Taten für das Gemeinwohl.
Abwechslung, Unterhaltsames, Schönes und Humor gehören zu den unmittelbarsten Wegen, Sonne ins Gemüt anderer zu

bringen. Nicht alles, was wahr ist, ist auch schön. Aber auch die Vermittlung von Wissen kann Faszination und Erbauung bewirken.

Freundschaft

Gegenseitige Vertrauenswürdigkeit
Grundlage von Freundschaft ist gegenseitige Sympathie. Wenn man sich mit einem anderen Menschen identifizieren kann, seine Vorstellungen und Werte nachvollziehen und teilen kann, dann kann man sich vorstellen, mit diesem Menschen befreundet zu sein.

Aus gegenseitiger Sympathie wird Freundschaft, wenn man sich gegenseitig Vertrauen entgegenbringt und sich erweist, dass dieses Vertrauen auch berechtigt ist und man sich auch tatsächlich gegenseitig vertrauen und aufeinander verlassen kann. Wenn Vertrauen nicht durch Vertrauenswürdigkeit erwidert wird und enttäuscht wird, dann entsteht keine Freundschaft.

Unter Freunden achtet man sich und missachtet sich nicht. Man erkennt sich gegenseitig in seinen Vorstellungen und Werten an. Geistige Verwandtschaft und Wertschätzung schließen allerdings gegenseitige Kritik an konkreten Verhaltensmustern auf Basis der gemeinsamen Werte nicht aus. Gegenseitige Sympathie erlaubt eine offene harmonische Kommunikation auch dann, wenn es im Einzelnen gelegentlich keinen Konsens, sondern Meinungsverschiedenheiten gibt.

Freundschaft ist geprägt von gegenseitigem Wohlwollen. Nicht nur das eigene Wohl stellt einen Wert dar, sondern auch das Wohl der Freunde. Freundschaft ist frei von Missgunst. Gemeinsame Werte und gegenseitiges Wohlwollen führen zu

gemeinschaftlicher Freude und Mitfreude angesichts von Positivem.
Das innere Einvernehmen und die Möglichkeit gemeinsamen Wohlergehens haben zur Folge, dass wir unter Freunden auch räumliches Zusammensein schätzen, uns treffen, uns über unsere Erfahrungen austauschen und uns gegenseitig in unser Leben einbeziehen. Man gesellt sich gerne zu Menschen mit ähnlichen Werten und trägt gerne seinen Teil zu einem harmonischen Miteinander bei.
Wenn man hingegen bei unterschiedlichen Zielen zu unfreiwilligem Zusammensein gezwungen ist, führt dies bestenfalls zu Leidensgenossenschaft und schlimmstenfalls zu Feindschaft.

Gegenseitige Hilfe
Freundschaft beweist sich darin, dass man sich gegenseitig hilft bei der Verwirklichung der gemeinsamen Werte und Interessen. Freunde sind einander verbunden in der Absicht, sich gegenseitig zu unterstützen und zu Zufriedenheit, Glück, Gesundheit, Wahrheit und Schönheit zu verhelfen.
Freundschaft ist eine Kooperation, bei der es um das Wohlergehen aller Beteiligten geht. Es geht also auch um das eigene Wohl. Freundschaft hat somit auch ein egoistisches Element. Eine Freundschaft erlahmt, wenn sie nicht für alle Seiten eine Bereicherung darstellt. Sympathie erlaubt es aber, in einer Freundschaft das altruistische Element gegenüber dem egoistischen in den Vordergrund zu stellen. Man freut sich über das Wohl der Freunde und rechnet gegenseitige Hilfe nicht gegeneinander auf.
Freundschaft bedeutet auch, sich ohne große Bedenken helfen zu lassen, angebotene Hilfe anzunehmen und im Notfall sogar um Hilfe bitten zu können.

Freunde sind Verbündete. Freundschaft ist aber nicht Kumpanei und blinde Kameradschaft. Mitwirkung bei destruktiven Gruppendynamiken oder bei Seilschaften und Vorteilsnahmen auf Kosten Dritter hat mit Altruismus nichts zu tun.

Gemeinnützigkeit

Sich für die Allgemeinheit zu engagieren, geht darüber hinaus, einzelnen anderen Menschen zu helfen und Freundschaften zu pflegen. Während es sich bei Hilfsbereitschaft gegenüber einzelnen anderen und Freundschaft mit einzelnen anderen um einen Altruismus handelt, der sich vorrangig um das Wohl weniger anderer bemüht, geht es bei Gemeinnützigkeit letztlich um das Wohl aller Menschen. Gemeinnütziges Verhalten ist darauf ausgerichtet, dass es allen besser geht und keiner leiden muss. Wer sich voll und ganz dem Gemeinwohl verschreibt, will die Welt insgesamt verbessern.
Dienst am Gemeinwohl kann bedeuten, Fremden zu helfen, also die Menschen, denen man hilft, gar nicht persönlich zu kennen. Wenn man sich für die Allgemeinheit nützlich macht, kann man daher nicht unbedingt mit positivem Feedback oder Dank rechnen.

Soziales Engagement
Grundform der Gemeinnützigkeit ist soziales Engagement. Es gibt viele Gelegenheiten, sich für das Gemeinwohl einzubringen.
Jeder kann als Bürger bei der öffentlichen Meinungsbildung mitwirken, für eine gemeinwohlorientierte Politik eintreten und einer solchen Politik bei Wahlen seine Stimme geben. Verantwortungsbewusste Ausübung des eigenen Wahlrechts ist Teil sozialen Engagements.

Man kann für gemeinnützige Zwecke spenden und, wenn man über entsprechende Mittel verfügt, sich als Mäzen philanthropisch betätigen.
Auch durch die eigene Erwerbsarbeit kann man zum Gemeinwohl beitragen, denn auch Tätigkeiten, die ausgeübt werden, um ein Einkommen zu erzielen, können eine gemeinnützige Komponente haben. Dies ist der Fall, wenn neben dem eigenen Nutzen auch ein Nettonutzen für andere entsteht und somit die Leistung, die man anderen bietet, deutlich größer ist als die Gegenleistung, die man von den anderen verlangt. Dazu kann es insbesondere bei Tätigkeiten kommen, die für viele andere von großem Nutzen sind, ohne dass besonders hohe Einkommen erzielt werden. Beispiele dafür sind viele Tätigkeiten im Bildungswesen oder im Gesundheitswesen. Auch ein Unternehmer kann soziales Engagement beweisen. Er kann zum Beispiel darauf verzichten, den Gewinn zu steigern, indem er Löhne drückt oder Mitarbeiter in die Arbeitslosigkeit entlässt. Bei eigennützigen Tätigkeiten entscheidet oft die Art und Weise der Ausübung darüber, ob soziales Engagement deutlich wird oder nicht. Bei vielen eigennützigen Tätigkeiten hat der Ausübende einen beträchtlichen Spielraum bei der Frage, inwieweit er sich verantwortungsbewusst um das Wohl anderer bemüht oder nicht.

Mitwirkung in gemeinnützigen Institutionen
Die Pflege des Gemeinwohls ist vielfältig institutionalisiert. Es gibt zahlreiche gemeinnützige Organisationen und Vereine, politische Parteien und karitative Einrichtungen. Manche davon sind gut etabliert und verfügen über ein beträchtliches Maß an Größe, Tradition, Ansehen und Einfluss, andere sind kleinere und jüngere Initiativen.

Wer sich nachhaltig für das Gemeinwohl einsetzen will, kann dies somit als Mitglied, ehrenamtlicher Mitarbeiter oder Angestellter einer gemeinnützigen Institutionen tun. Um ein hohes Maß an positiver Wirkung für das Gemeinwohl entfalten zu können, sind oft große Institutionen nötig, von denen sich viele einbinden und einsetzen lassen.

Durch Mitwirkung in einer Organisation etwas für das Gemeinwohl zu tun, setzt allerdings voraus, dass man kritisch prüft, ob die Organisation auch tatsächlich gemeinnützig ist oder ob sie eher eine Interessengemeinschaft oder Klientelpartei ist, die lediglich das Wohl einer ausgewählten Zielgruppe auf Kosten Dritter fördern will.

Gutes Regieren

Die Weltordnung beruht auf der Existenz funktionierender Staaten. Regionen, in denen die Staatsordnung zusammenbricht und statt Recht und Gesetz Anarchie herrscht, drohen Chaos und Elend. Daher braucht jeder Staat Menschen, die sich um die Aufrechterhaltung und Ausgestaltung der Staatsordnung kümmern und so das Wohlergehen der Bürger maßgeblich beeinflussen und Verantwortung dafür übernehmen.

Für Menschen, die im Staat Verantwortung übernehmen, gilt grundsätzlich dasselbe wie für alle anderen Menschen auch. Auch sie streben nach Wohlergehen und verfügen über Verstand. Gutes Regieren ist somit auf Harmonie und Gemeinwohl ausgerichtet und bemüht sich darum, dass die Bürger im Einklang mit ihrem Verstand, ihrem Körper, ihrer Umwelt und ihren Mitmenschen in einem durch Wahrheit, Gesundheit, Lebensqualität und sozialen Frieden geprägten Umfeld leben können.

Gute Regierungsarbeit erfordert die Mitwirkung aller staatlichen Ebenen. Sonst können gute Absichten der Staatsspitze durch schlechtes Handeln nachgeordneter Ebenen zunichtegemacht werden. Eine gute Staatsspitze kann einen Staat wegen dessen Komplexität nicht im Alleingang lenken und steht vor der Aufgabe, nachgeordnete Verwaltungspositionen mit Menschen zu besetzen, die sich in gleicher Weise um gutes Regieren bemühen. Wenn sich alle Mitarbeiter im Staatsdienst dem Gemeinwohl verpflichtet fühlen, ermöglicht dies ein Delegieren von Entscheidungen und eine Ausweitung der in die Staatsführung eingebundenen Ressourcen. Nachgeordnete Verwaltungspositionen mit Egoisten zu besetzen und diese mittels vom Gemeinwohl abweichender Anreize zu steuern, ist ein Zeichen für eine schlechte Regierung.

Gutes, gemeinnütziges Regieren bedeutet ganzheitliche, nachhaltige Ausrichtung auf alle Facetten des Gemeinwohls. Dazu zählen insbesondere Sicherheit, Wohlstand und Gerechtigkeit. Konzentration auf einzelne Aspekte des Gemeinwohls unter Vernachlässigung anderer Aspekte des Gemeinwohls kann zwar in Anbetracht akuter Krisen ein naheliegender Reflex sein, erweist sich aber langfristig oft als Saat für neue Krisen. Auch allzu komplizierte Regelwerke erweisen sich oft als nicht nachhaltig.

Eine gute Sicherheitspolitik schützt das Leben, die Gesundheit und die Würde der Bürger, sorgt für Rechtsstaatlichkeit und bewahrt den inneren und äußeren Frieden.

Eine gute Wachstumspolitik mehrt den Wohlstand. Wirtschaftswachstum erleichtert es, gegen gesellschaftliche Missstände vorzugehen. Es erweitert die verfügbaren Mittel, sodass die Lage in Problembereichen verbessert werden kann, ohne dass dafür eine Umverteilung nötig ist, die die Lage in anderen Bereichen verschlechtert. Wachstum wird angeregt durch Investitionen, nicht zuletzt in Bildung und Infrastruktur. Privatwirtschaft und Marktwirtschaft liefern für jeden einzelnen Bürger Anreize, zur Wertschöpfung beizutragen. Privates Wirtschaften auf Kosten anderer wird dabei verhindert, indem jeder für Schäden, die er anderen zufügt, aufkommen muss.

Eine gute Verteilungspolitik gibt jedem einzelnen Bürger die Möglichkeit, in fairer Weise am Gemeinwohl Anteil zu haben. Zur sozialen Gerechtigkeit gehört, dass es für alle Bürger möglich ist, sich mit dem Lebensnotwendigen zu versorgen, dass für alle die gleichen Gesetze gelten, dass alle faire Chancen haben, dass es eine faire Verteilung von Abgabenlasten und staatlichen Leistungen gibt und dass eine unfaire Spaltung der Gesellschaft in Gewinner und Verlierer vermieden wird. Bedienung von Klientelgruppen auf Kosten anderer Teile der Gesellschaft, Selbstbereicherung der Regierenden auf Kosten der Regierten und Ausbeutung erbeuteter Untertanen sind mit gemeinwohlkonformem, gemeinnützigem Regieren nicht kompatibel.

Wegen der internationalen Abhängigkeiten und aus Mitgefühl hat eine gute Staatsführung nicht nur ein Interesse am Wohl der eigenen Bürger, sondern auch am Wohl der Bürger anderer Länder.

Auch bei der Ausgestaltung einer gemeinsamen Kultur spielt gutes Regieren eine Rolle. Gemeinsame Sprache, historische und regionale Einflüsse, Pluralismus und der kontinuierliche Wandel in Zeitgeist und Stilvorlieben können hier aber prägender sein.

Demokratie ist zwar keine Garantie dafür, dass man zu einer guten Regierung gelangt. Sie bietet aber regelmäßig Gelegenheiten, eine schlechte Staatsführung, die sich nicht bewährt hat, abzuwählen und durch eine neue zu ersetzen, von der man sich einen positiveren Einfluss auf das Gemeinwohl verspricht.

TEIL 6
EINIGE VERWEISE

Bei den folgenden Verweisen auf einige Strömungen und Persönlichkeiten der Geistesgeschichte handelt es sich nicht um den Versuch eines enzyklopädischen Überblicks über die Philosophiegeschichte. Es geht nur darum, einen abrundenden Abgleich mit dem Denken anderer durchzuführen. Hierzu werden einige bedeutende Philosophien kurz zusammengefasst und dabei auch in Ansätzen interpretiert. Auf ein explizites Herstellen von Bezügen zwischen diesen Philosophien und den vorausgegangenen Teilen dieses Buches wird verzichtet. Viele Bezüge sind allerdings implizit offensichtlich, sowohl was Ähnlichkeiten in der Sichtweise, als auch was Unterschiede in der Sichtweise betrifft.

Der Mainstream, der sich in den folgenden Verweisen zeigt, ist aber durchaus kompatibel mit den Inhalten der vorausgegangenen Teile. Er lässt sich grob folgendermaßen zusammenfassen: Die vielfältigen Erscheinungen im Universum unterliegen kontinuierlichem Wandel und sind durch vielfältige Interdependenzen miteinander verbunden. Alles hat Ursachen. Alles hat Wirkungen. Jeder Einzelne unterliegt Einflüssen und kann Einfluss nehmen, und er kann sich um ein Leben im Einklang mit der Wirklichkeit bemühen. Aber auch wenn jeder nach Positivem, Harmonie, Frieden und Glück strebt, bleibt doch niemand von Negativem, Disharmonie, Konflikt und Leid verschont. Wahrnehmung und Verstand sind die entscheidenden Werkzeuge, mit Hilfe derer jeder etwas für das eigene Wohl und das Wohl anderer tun kann. Der Mensch sollte seinen Verstand also nutzen und ihm folgen. Der Mensch ist aufgefordert nachzudenken, skeptisch zu sein, sich nicht täuschen zu lassen, nachzuprüfen, mündig Kritik zu üben und sich um Objektivität zu bemühen. Mit Selbstdisziplin kann jeder seinen Willen und sein Verhalten nach verstandesgemäßen Werten ausrichten. Gemeinwohl ist ein verstandesgemäßer Wert, jeder sollte sich aus Mitgefühl und auch zum eigenen Nutzen darum bemühen. Egoistisches Begehren hingegen erzeugt oft Unfrieden und Leid. Ein Leben in Harmonie mit der Welt und der Wirklichkeit wird gefördert, wenn man positive Kräfte stärkt, sich nützlich macht, kein Leid verursacht und andere nicht leiden lässt, sondern ihnen hilft.

Deutliche Widersprüche zu diesem Mainstream treten erst bei Weltanschauungen hervor, in denen Egoismus, launenhafte Impulsivität, wilde Mythen, totalitäre Ideologien, blankes Überleben und Fortpflanzen oder eine völlige Beliebigkeit des Verhaltens im Vordergrund stehen.

LEHREN AUS ASIEN

Indien

Hinduismus

Der Hinduismus umfasst eine Vielzahl an religiösen Strömungen indischen Ursprungs, deren Entstehung mehr als 3000 Jahre zurückreicht. Es gibt keine zentralen Autoritäten, die für alle unterschiedlichen Richtungen verbindlich sind. Im Rahmen seines Pluralismus existiert im Hinduismus ein große Vielfalt an Weltbildern, Gottesvorstellungen, Wertvorstellungen und Ausgestaltungsmöglichkeiten für die Lebenspraxis.

Zu den verbindenden Elementen zwischen den Strömungen gehört neben gemeinsamen Festen und Ritualen die Auffassung, dass es einen kontinuierlichen Kreislauf aus Vergehen und Wiederentstehen (Samsara) gibt, eine allgemeine Interdependenz von Ursachen und Wirkungen (Karma) und einen entsprechenden ewigen Wesenskern des Universums (Brahman). Verschiedene Götter repräsentieren Facetten des Brahman. Und auch im Wesenskern jedes Menschen (Atman) spiegelt sich das Brahman wider.

Gemäß hinduistischer Lehre geht es darum, dass jeder Einzelne in seinem individuellen Wesenskern den Wesenskern des Universums wiedererkennt und so Harmonie zwischen seinem Bewusstsein und dem Universum verwirklicht.

Yoga

Yoga umfasst Übungen für Bewusstsein und Körper, die über Jahrtausende in Indien entwickelt wurden. Diese Übungen sind typischerweise unter voller Konzentration so gut wie möglich auszuführen. Auch wenn die Ausführung in manchen Fällen körperlich nicht schwierig ist, wird die volle Präsenz des Übenden gefordert. Die Übungen sind so zu absolvieren, dass das Bewusstsein im Einklang zum Körper und dessen gegenwärtigen Haltungen oder Bewegungen steht. Gedanken an Vergangenheit und Zukunft gelten dabei als hinderlich. Selbstdisziplin und eine Zügelung von Bewusstsein und Körper sind somit wesentliche Merkmale von Yoga.

Ziel von Yoga ist eine Annäherung des Bewusstseins an den Wesenskern des Menschen, den Wesenskern des Universums und an den Kreislauf und die Interdependenz der Energien. Dabei geht es auch um eine Steigerung von Gelassenheit, Wohlbefinden und Lebensenergie. Oft kann Yoga körperliche

Gleichgewichte stabilisieren und Stress und Krankheiten entgegenwirken.

Zu den Formen von Yoga gehören bewusstes Atmen, Meditieren, vielfältige körperliche Haltungen und Bewegungen, Askese und letztlich alles konzentrierte Wertschätzen, Denken und Handeln. Auch Lachen lässt sich als eine Form von Yoga praktizieren.

China

Daoismus
Der Daoismus ist eine Weltanschauung, die in zentralen Teilen vor etwa 2500 Jahren in China entstanden ist. Gemäß dieser Philosophie liegt der Wesenskern des Universums (Dao) im Gleichgewicht zweier entgegengesetzter Grundkräfte der Natur (Yin und Yang). Yin steht für Dunkelheit, Passivität, Entspannung, Kühle und Ruhe, Yang steht für Helligkeit, Aktivität, Anspannung, Hitze und Dynamik. Dass Yin und Yang gemeinschaftlich den Wandel und die Kreisläufe im Universum im Gleichgewicht halten, ist im Daoismus das oberste Prinzip des Universums (Taiji).

Der Wesenskern des Universums manifestiert sich als Wirkkraft (De) in allen Phänomenen und damit auch in jedem einzelnen Menschen. De ist das Wirken der natürlichen, naturgemäßen Kräfte in jedem einzelnen Phänomen. Auch das Wirken von Menschlichkeit im Menschen kann daher als eine Form von De betrachtet werden.

Grundregel für menschliches Verhalten ist im Daoismus ein Nicht-Eingreifen (Wu wei) in den Lauf der Natur, der Verzicht auf Anstrengungen und Handlungen gegen die Kräfte der Natur und dementsprechend ein unangestrengtes Handeln im Einklang mit den Kräften der Natur. Das Ideal besteht darin, sich mit Gelassenheit an die natürlichen Kräfte anzupassen, intuitiv zur passenden Zeit das Passende zu tun, sich der Anwendung von Zwang oder Gewalt zu enthalten und so in Harmonie mit dem Universum zu leben.

Qi bezeichnet im Daoismus im weiteren Sinne jede Form von Energie, die Energien hinter Yin und Yang und im engeren Sinne die Lebensenergie. Menschliches Leben erfordert den Fluss der Lebensenergie im menschlichen Körper in einem stabilen Gleichgewicht entgegengesetzter Naturkräfte. Nach daoistischer Auffassung lässt sich die Lebensenergie durch geeignete körperliche Übungen (Qigong) stabilisieren und steigern. Im weiteren Sinne lässt sich ein positiver Fluss von Energie aber unter anderem auch durch geeignete Architektur (Feng Shui) fördern.

Konfuzius

Konfuzius lebte vor etwa 2500 Jahren in China. Sein Augenmerk galt insbesondere stabiler Ordnung, friedlichem Gleichgewicht und Harmonie in der Gesellschaft. Er fordert vom Einzelnen Achtung vor den anderen, Achtung vor Traditionen, Tugendhaftigkeit, Orientierung an Vorbildern, insbesondere auch an Vorfahren, Gehorsam gegenüber Autoritäten, Besonnenheit, Selbstkultivierung, redliches, entschlossenes Bemühen und harmonische Einordnung in das Gemeinwesen. Laut Konfuzius liegt der Weg, der den Einzelnen zu einem überzeugenden Menschen und Teil der Gesellschaft macht, in Bildung, Lernen von nützlichem Wissen, Nachdenken und Weisheit.

Der ausgeprägte Pragmatismus des Konfuzius spiegelt sich auch in anderen Facetten seines Menschenbilds wider: Einerseits sieht er alle Menschen als ähnlich an, und jeder sollte Aufstiegschancen haben. Andererseits sollte man die Menschen auf ihre unterschiedlichen Stärken und Schwächen hin prüfen und entsprechend unterschiedlich behandeln.

Durch den Fokus auf eine stabile Gesellschaftsordnung haben bei Konfuzius individuelle Freiheit, Kreativität und Fortschritt nur untergeordnete Bedeutung.

BUDDHISMUS

Lehre

Grundlagen

Buddha lebte vor etwa 2500 Jahren in Nord-Indien als Schöpfer und Lehrer einer neuen Weltanschauung. Vier Lehrsätze, die als die Vier Edlen Wahrheiten bezeichnet werden, fassen den Kern seiner Lehre zusammen: Niemand wird von Leid verschont, Leid hat Ursachen, Leid schwindet durch Beseitigung seiner Ursachen, Leid und seine Ursachen werden beseitigt durch Befolgen eines Pfads, der ganz wesentlich im Erkennen von Ursachen und in heilsamem Handeln besteht. Es handelt sich dabei um vier aufeinander aufbauende Erkenntnisschritte.

Der erste Lehrsatz besagt, dass niemand von Leid verschont wird. Niemandem bleibt in seinem Leben Negatives erspart. Jeder erlebt Unzufriedenheit und wird mit Erscheinungen konfrontiert, die er sich nicht wünscht und die ihm Leid bereiten, wie Krankheit, Vergänglichkeit und Unfrieden.

Der zweite Lehrsatz besagt, dass Leid Ursachen hat. Leid wird durch negative Einflüsse verursacht, insbesondere durch egoistische Wünsche und egoistisches Begehren. Gier, Hass und Wahn verursachen Leid und sind daher Plagen. Gier ist der egoistische Wunsch, selbst mehr zu haben. Hass ist der egoistische Wunsch, dass die anderen weniger haben sollen. Und Wahn ist der egoistische Wunsch, dass die Welt und die Wirklichkeit insgesamt anders sein sollen und vorzugsweise den eigenen subjektiven, egozentrischen Wunschvorstellungen entsprechen sollen. Wahn ist somit die egoistische Sucht, über die gesamte Wirklichkeit zu herrschen. Er ist Ausdruck geistiger Verdunklung, ist die ultimative Wurzel allen Leids und schließt im Grunde bereits Gier und Hass mit ein.

Der dritte Lehrsatz besagt, dass Leid verschwindet, wenn dessen Ursachen beseitigt werden. Leid wird zurückgedrängt, wenn die Bedingungen für Leid zurückgedrängt werden, wenn also Gegenmittel gegen Ursachen von Leid und gegen negative Einflüsse gefunden und angewendet werden. Leid wird somit zurückgedrängt, wenn egoistisches Begehren, Gier, Hass und Wahn zurückgedrängt werden. Leid wird entgegengewirkt durch eine Mäßigung von egoistischen Emotionen, Ängsten, Neid, Leidenschaft und Aggressivität, durch eine Überwindung von Sucht, zwanghaftem Verhalten, Egozentrik und dem Bedürfnis nach Selbstbestätigung und durch ein Ablegen von verfestigten Vorurteilen und Starrsinn. Ultimatives Mittel zur Beseitigung von Leid ist die Überwindung von Wahn, also die Überwindung der Gier nach einer anderen Wirklichkeit, das Fallenlassen subjektiver, egoistischer Vorstellungen von der Wirklichkeit, das Verlöschen der Anhaftung an unrealistische Vorstellungen und somit ein Erwachen zu einem Zustand, in dem man die Wirklichkeit so sieht und akzeptiert, wie sie ist (Nirwana).

Der vierte Lehrsatz besagt, dass Leid und seine Ursachen beseitigt werden durch Befolgen eines Pfads, der ganz wesentlich im Erkennen von Ursachen und in heilsamem Handeln besteht.

Achtfacher Pfad
Der buddhistische Pfad zur Freiheit von Leid wird als der Edle Achtfache Pfad bezeichnet. Er umfasst rechte Anschauung, rechte Gesinnung, rechte Rede, rechtes Handeln, rechten Broterwerb, rechtes Streben, rechte Achtsamkeit und rechte Konzentration.

Rechte Anschauung bedeutet, die Wirklichkeit zu sehen, wie sie ist. Die Wirklichkeit ist demnach ein kontinuierlicher Strom interdependenter Energien, die durch Ursachen und Wirkungen miteinander verwoben sind. Kausalität und somit das Prinzip, dass nichts, also auch kein Tun, ohne Ursachen entsteht und ohne Wirkungen bleibt, (Karma) prägen die Wirklichkeit. Alle Erscheinungen, auch das Ich und dessen Empfindungen, entstehen in Abhängigkeit von Bedingungen, und alles unterliegt kontinuierlichem Wandel und kontinuierlichem Werden und Vergehen. Alle Phänomene sind in dem Sinne leer, dass ihnen kein ewiger Kern innewohnt. Auch das Ich hat keinen unvergänglichen Kern (Anatta). Ein objektives Verständnis der Wirklichkeit ergibt sich nicht so sehr aus den vergänglichen Phänomenen (Samsara) selbst, sondern vielmehr aus einem Verständnis von Ursachen und Wirkungen.

Rechte Gesinnung äußert sich in der Absicht und dem Entschluss, kein Leid zu verursachen und durch heilsames Handeln heilsame Wirkungen hervorzurufen und Leid und dessen Ursachen zu beseitigen. Bei rechter Gesinnung bemüht man sich, unter Berücksichtigung der kausalen Beziehungen zwischen Ursachen und Wirkungen objektiv geeignete Bedingungen für objektiv Positives zu verwirklichen, tut etwas für Glück und Harmonie, stärkt positive Kräfte, macht sich nützlich und unterlässt es, Schaden anzurichten.

Rechte Rede meidet Lüge, Beleidigung und Geschwätz. Rechtes Handeln meidet Gewalt, Diebstahl und Rausch. Und rechter Broterwerb verzichtet auf Handel mit Tieren, Waffen, Giften und Rauschmitteln.

Bei rechter Anstrengung, Achtsamkeit und Konzentration geht es darum, die geistige und körperliche Selbstdisziplin aufzubringen, um im Hier und Jetzt heilsames Denken und Handeln zu verwirklichen.

Der buddhistische Pfad zur Freiheit von Leid besteht also letztlich darin, durch klares Wahrnehmen und mit klarem Verstand ein klares Bewusstsein für die Wirklichkeit zu entwickeln, die Wirklichkeit objektiv so zu sehen, wie sie ist, insbesondere die allgegenwärtige Interdependenz von Ursachen und Wirkungen zu erfassen und auf dieser Grundlage heilsam zu handeln und Leid zu beseitigen, indem man dessen Ursachen erkennt und aufhebt.

Im Buddhismus liegt der Weg für eine Verwirklichung von Wohlergehen somit in einer Befolgung des Verstands. Göttliche Offenbarungen spielen hingegen keine Rolle.

Dalai Lama

Der 14. Dalai Lama ist der derzeit wohl prominenteste zeitgenössische Repräsentant des Buddhismus. Er gehört zur Mahayana-Richtung des Buddhismus. Die zentrale Tugend im Mahayana ist die altruistische Entschlossenheit, nicht nur sich selbst, sondern alle fühlenden Wesen von Leid zu befreien und somit selbstlos zum Wohle aller zu wirken (Bodhichitta). Diese Entschlossenheit wird gespeist durch Mitgefühl (Karuna), das aus der Erkenntnis erwächst, dass man nicht das einzige fühlende Wesen ist und dass man nachfühlen kann, was andere fühlen.

Der Dalai Lama beansprucht nicht, Freiheit von Leid erlangt zu haben. Das Selbstverständnis des Dalai Lama ist vielmehr geprägt von dem Gelübde, niemals nachzulassen, Leid aus der

Welt zu schaffen (Bodhisattva-Gelübde). Dies beinhaltet die Vorstellung von einer Reinkarnation, gemäß der dieses Wirken unter geeigneten Bedingungen in nachfolgenden Leben eine Fortsetzung findet.

Der 14. Dalai Lama fordert alle dazu auf, den Verstand zu nutzen und Lehren und Rituale nicht leichtfertig zu übernehmen, ohne sie kritisch zu prüfen. Er betont die Interdependenz aller Erscheinungen, das Glücksstreben der Menschen und die Bedeutung von Mitgefühl, Gewaltlosigkeit und altruistischem Handeln für die Verwirklichung von Gemeinwohl.

Analogien im Westen

In Europa hat es seit der Antike philosophische Strömungen gegeben, die hinsichtlich ihrer Betonung der Interdependenz aller Phänomene und ihrer Hervorhebung des Verstands als positiver Kraft für eine Verwirklichung von Glück und Harmonie Ähnlichkeiten mit dem Buddhismus und auch mit Hinduismus und Daoismus aufweisen. Das Denken hat in Europa und in Asien zum Teil zu vergleichbaren Ergebnissen geführt. Die Eigenständigkeit des jeweiligen Denkens wird dadurch allerdings nicht infrage gestellt.

Kontakte in der Antike

Im Zuge seines zehnjährigen Asienfeldzugs mit Eroberung des Perserreichs drang Alexander im 4. Jahrhundert vor Christus bis nach Indien vor. Nach Alexanders Tod bestanden insbesondere im Bereich des heutigen Afghanistan und Pakistan über Jahrhunderte Reiche, in denen es ein Miteinander, eine intensive gegenseitige Beeinflussung und eine Verschmelzung von Hellenismus und Buddhismus gab.

Auch das römische Reich hatte intensive Kontakte und Handelsbeziehungen mit Indien, was sich unter anderem in einem Import von Gewürzen, Elfenbein und Perlen äußerte.
Es ist also durchaus möglich und wahrscheinlich, dass der Buddhismus bereits in der Antike kulturelle Spuren in Vorderasien und Europa hinterlassen hat, auch wenn sich diese Spuren nicht eindeutig und zweifelsfrei identifizieren und abgrenzen lassen.

Stoa
Analogien zum Buddhismus finden sich in der Antike in der Philosophie der Stoa, deren wohl bekannteste Zusammenfassung der römische Kaiser Marc Aurel (121-180) verfasst hat.
Gemäß der Stoa ist das Universum geprägt von beständigem Wandel, allgemeiner Vergänglichkeit, einer strengen kausalen Interdependenz im allumfassenden Geflecht aus Ursachen und Wirkungen, einer Allmacht und Harmonie der Natur, einer Bedingtheit der Lebensumstände jedes Einzelnen durch äußere Einflüsse und durch Schicksal und von einer Verwandtschaft und Ähnlichkeit aller Menschen.
Als Lebensziele gelten der Stoa Gemütsruhe, Harmonie im Bewusstsein, Harmonie zwischen Bewusstsein und Universum, innerer und äußerer Frieden, Gelassenheit, ruhige Heiterkeit und somit eine Freiheit von Disharmonien, Unruhe und Unfrieden. Ruhm, Reichtum, Macht, sinnlicher Genuss und blinder Gaube werden dagegen kritisch gesehen.
Als Wege zum inneren Frieden sieht die Stoa insbesondere den Gebrauch des Verstands, eigenständiges Denken, ein möglichst objektives Verständnis der Interdependenzen im Universum, Ernsthaftigkeit, Redlichkeit, gute Absichten, die Befolgung der Vorgaben des Verstands, Pflichterfüllung,

Schicksalsergebenheit, Selbstbeherrschung, Mäßigung, Pragmatismus, Schnörkellosigkeit, Höflichkeit, Freundlichkeit und Gemeinwohlorientierung.

Angesichts der Allgegenwart von Unvernunft, nicht zuletzt im eigenen Ich, schwingt im stoischen Denken allerdings mitunter ein Hauch von Enttäuschung, Überdruss und Resignation mit.

Kant

Kants Denken kreist um die Frage der Erkenntnispflichten: Welche Erkenntnisse werden vom Verstand geboten und erzwungen? Für Kant (1724-1804) ist der Gebrauch des Verstands eine Pflicht für jeden Menschen. Menschlichkeit und Vernunft sind für ihn untrennbar. Nach Kant soll jeder Mensch frei von Bevormundungen und Dogmen selbstständig denken unter voller Ausnutzung der Kapazitäten seiner Wahrnehmung und seines Verstands. Allein Wahrnehmung und Verstand sind zulässige Erkenntnisquellen, und alle Vorstellungen sind vorurteilsfrei und kritisch anhand von Wahrnehmung und Verstand zu prüfen.

Insbesondere die Moral, die Orientierung des eigenen Verhaltens am Gemeinwohl ist für Kant ein Gebot des Verstands. Das Gemeinwohl ist ein objektiver Wert, der unter Einsatz des Verstands von allen anerkannt werden kann. Nur Verhalten, das im Einklang mit dem Gemeinwohl steht, ist für alle zustimmungsfähig und als allgemeine Richtschnur geeignet. Für Kant ist es eine verstandesgemäße Pflicht, das Wohl anderer zu achten und zu fördern. Andere sind nicht nur Mittel für das eigene Wohl, sondern das Wohl der anderen ist selbst ein Ziel und Zweck. Der Verstand verleiht allen Menschen Menschenwürde und Anspruch auf Achtung, nicht nur der eigenen Person, sondern auch den anderen.

Nach Kant verfügt der Mensch neben dem Verstand auch über die Freiheit, seinem Verstand zu folgen. Das Verhalten wird nicht durch Kräfte außerhalb des Verstands fremdbestimmt, sondern kann durch den Verstand gesteuert werden. Wichtig ist daher der gute Wille, das für vernünftig Erkannte auch tatsächlich zu tun.

Schopenhauer
Für Schopenhauer (1788-1860) ist Leid wesentliches Merkmal des Lebens. Die Welt ist voller Leid, und Ursache des Leids ist das oftmals unvernünftige, triebhafte und egoistische Wollen der Menschen. Die Inhalte des Wollens sind jedem Einzelnen willkürlich durch seinen Charakter angeboren. Hinzu kommt, dass die Menschen dazu neigen, sich subjektive Vorstellungen und Illusionen über die Welt zu machen.

Wege, sich dem egoistischen Wollen und damit dem Leid zu entziehen, sieht Schopenhauer im Nachdenken, in einer Betrachtung von Natur und Kunst, in einer Entsubjektivierung und in einem Bemühen um Objektivität.

Des Weiteren fordert Schopenhauer, dass jeder in seinen Mitmenschen sich selbst, sein eigenes Wollen und sein eigenes Leid wiedererkennen soll und sich entsprechend bemühen soll, anderen kein Leid zuzufügen und ihnen bei der Befreiung von Leid zu helfen. Auch gegenüber Tieren fordert er Mitleid.

Schopenhauer ist sich der Nähe seines Denkens zum Buddhismus bewusst, allerdings ist er recht pessimistisch im Hinblick auf die Machbarkeit einer nachhaltigen Aufhebung von Leid.

Heidegger

Ein Kerngedanke von Heidegger (1889-1976) ist die Unterscheidung von Seiendem und Sein. Das Seiende ist die Gesamtheit aller aktuellen Erscheinungen. Das Sein hingegen ist das ewige Prinzip der Wirklichkeit, dass sich im Wandel, im Entstehen und Vergehen, in der Dynamik des Seienden, in den Abläufen der Natur und im kontinuierlichen Fluss interdependenter Ursachen und Wirkungen zeigt und dass untrennbar mit dem Fluss der Zeit verbunden ist.

Mit seinem Dasein hat jeder Einzelne Anteil am Sein. Aufgabe des Menschen ist es laut Heidegger, das Sein zu schützen, die Abläufe im Universum zu achten und die Natur zu schonen. Der Mensch soll sich die Welt nicht durch immer mehr Technik unterwerfen, sondern sich harmonisch in den Lauf der Natur einfügen. Prozesse des Nachdenkens und Verstehens helfen, um sich in den Lauf der Natur zu integrieren.

Ökologie

In der Ökologie geht es um die gegenseitige Beeinflussung von Lebewesen und Umwelt. Leben, Lebensfähigkeit, Überleben und das Wohl jedes einzelnen Lebewesens sind abhängig von komplexen Bedingungen und einem komplexen Gefüge aus Ursachen und Wirkungen. Leben erfordert geeignete Lebensräume, Biotope oder Ökosysteme. Die Erde kann einerseits als ein einziges zusammenhängendes Ökosystem oder als ein System zusammenhängender Ökosysteme gesehen werden. Innerhalb und zwischen Ökosystemen gibt es mannigfaltige Vernetzungen und Interdependenzen, die unter anderem die Form von Stoffkreisläufen, Energiekreisläufen, Konkurrenzbeziehungen, Kooperationen, Symbiosen, Populationsdynamiken und Verhaltensanpassungen haben.

Ein umfassendes Verständnis von Ökosystemen, ihrer Stabilität, ihrer Komplexität und der Koexistenz vielfältigster Lebensformen erfordert ein ganzheitliches, interdisziplinäres Herangehen. Seit den 1960er Jahren ist das Bewusstsein gewachsen, dass Ökosysteme durchaus fragil und zerstörbar sind und dass das Wohl einzelner Tierarten und auch des Menschen vom Schutz geeigneter Lebensräume und vom Schutz natürlicher Lebensgrundlagen abhängt. Daraus ergibt sich die Forderung, das menschliche Verhalten so auszurichten, dass es mit einer langfristigen, nachhaltigen Erhaltung positiver Lebensbedingungen im Einklang steht. Insbesondere geht es darum, Lebensgrundlagen und natürliche Ressourcen zu schonen und nicht zu gefährden.

Diese Sichtweise hat sich inzwischen weit verbreitet und spiegelt sich insbesondere auch in der Programmatik der Grünen wider.

CHRISTENTUM

Lehre

Nächstenliebe

Kern der Lehre von Jesus, der vor 2000 Jahren im Umland von Jerusalem lebte, ist das Gebot der Nächstenliebe. Gemäß diesem Gebot sollen wir unseren Nächsten lieben wie uns selbst. Nächstenliebe bedeutet Barmherzigkeit und helfende, uneigennützige, altruistische Hinwendung zu den Mitmenschen, insbesondere zu Armen und Schwachen, aber auch zu Schuldigen und sogar zu Feinden. Wer Nächstenliebe praktiziert, hilft und dient seinen Mitmenschen unter Zurück-

stellung seines Egos selbstlos und demütig und setzt sich für Frieden auf Erden und ein Wohlergehen aller Menschen ein.
Gemäß dem Gebot der Nächstenliebe sollen wir uns nicht schuldig machen, indem wir anderen schaden. Wir sollen keine Schuld gegenüber anderen auf uns laden. Allerdings schafft es niemand, gänzlich ohne Schuld zu bleiben. Daher geht es im Christentum auch um eine Erlösung vom Bösen und ein Vergeben von Schuld.
Christliche Tugenden sind Glaube, Liebe und Hoffnung. Neben der Barmherzigkeit werden insbesondere auch Gerechtigkeit, Friedfertigkeit, Sanftmut und ein reines Herz gepriesen.
Das Gebot der Nächstenliebe wird von Jesus nicht tiefschürfend begründet, sondern von ihm ohne Diskussion und Zweifel als göttliche Offenbarung und somit als verbindliche Vorgabe gepredigt. Für ihn hat das Gebot der Nächstenliebe absolute Autorität und ewige Gültigkeit. Wer Nächstenliebe praktiziert, erlangt somit Anteil an etwas Ewigem, Zugehörigkeit zu etwas Ewigem und insofern ein ewiges Leben.

Gott
Die monotheistischen Offenbarungsreligionen definieren Gott implizit durch ihre heiligen Schriften. Das sind die hebräische Bibel (Tanach) mit den Fünf Büchern Mose im Judentum, die christliche Bibel mit dem Neuen Testament im Christentum und der Koran und die Berichte über das Leben Mohammeds (Hadithe) im Islam. Da diese heiligen Schriften Gott unterschiedlich charakterisieren, ergeben sich unterschiedliche Gottesvorstellungen. Die Gottesvorstellungen sind allerdings verwandt, und Gott hat in ihnen oftmals ähnliche Attribute wie überirdisch, allmächtig und gesetzgebend.
Während Gott im Alten Testament eine überirdische Person

ist, die in verständlicher Sprache zu den Menschen spricht und den Menschen auf diesem Weg detaillierte Verhaltensregeln vorschreibt, wird Gott im Neuen Testament insbesondere durch das Gebot der Nächstenliebe charakterisiert.

Jesus unterzieht den Gott des Alten Testaments also einer deutlichen Umgestaltung. Er hebt abgesehen von den Zehn Geboten die detaillierten Vorschriften Gottes aus dem Alten Testament weitgehend auf und erhebt die Nächstenliebe zum wesentlichen Gebot und Gesetz Gottes.

Für Jesus besteht das Reich Gottes in der Herrschaft der Nächstenliebe. In diesem Reich wird Nächstenliebe belohnt und deren Verletzung bestraft, und dieses Reich möge kommen nicht nur im Jenseits im Himmel, sondern auch im Diesseits auf Erden. Jesus hat auch das Diesseits klar im Blick, und die Auferstehung könnte als ein Fortwirken von Nächstenliebe im Diesseits interpretiert werden.

Entsprechend der Lehre von der Dreieinigkeit sind Jesus, Gott und Heiliger Geist gleichermaßen Erscheinungsformen der Nächstenliebe.

Die christliche Gleichsetzung von Gott und Nächstenliebe spiegelt sich auch im Titel der Antrittsenzyklika von Papst Benedikt XVI. wider: Deus caritas est, Gott ist die Nächstenliebe. Auch Papst Franziskus hebt Barmherzigkeit als zentrale Botschaft des Christentums hervor. Benedikt und Franziskus ergänzen sich hier in Theorie und Praxis.

Kritik

Wunder

Es besteht weitgehend Konsens, dass Jesus eine historische Person war, die tatsächlich gelebt hat, und dass er ein markanter, charismatischer Wanderprediger war. Für reale

Menschen der Historie geht man typischerweise davon aus, dass sie irdische Eltern hatten, dass sie über keine übermenschlichen Kräfte verfügten und dass sie eines irreversiblen irdischen Todes gestorben sind.

Jesus hingegen wird Übernatürliches zugeschrieben: Er soll leiblicher Sohn eines überirdischen Vaters sein, im Rahmen von Wundern Naturgesetze außer Kraft gesetzt haben und vom Tode auferstanden sein. Sinnbildhafte, verehrungsbedingte Überhöhung ändert aber nichts am Gebot der Nächstenliebe als dem zentralen Kern der von Jesus gepredigten Lehre.

Kirchenregeln

Das Christentum kommt im Kern mit einem einzigen Gebot, dem Gebot der Nächstenliebe, aus. Die christlichen Kirchen, insbesondere die katholische Kirche und die Kurie im Vatikan, kennen neben dem Gebot der Nächstenliebe aber zum Teil Hunderte weiterer Regeln, bei denen oft das Risiko besteht, dass sie den Kern der christlichen Lehre eher verdecken, als dass sie ihn klar zum Ausdruck bringen. Derartige Regeln betreffen unter anderem Rituale, eine Sonderstellung des Mannes gegenüber der Frau, die Familien- und Sexualethik und Glaubensvorgaben im Hinblick auf ein Jenseits.

Viele Regeln der katholischen Kirche wurden im Rahmen der Reformation durch Luther und andere aufgehoben mit der Absicht, eine Rückbesinnung auf den Kern der christlichen Lehre zu bewirken.

Einwände bezüglich komplexer Regelwerke, die den Verstand eher entmündigen, als dass sie ihn als Richtschnur nehmen, betreffen auch Judentum und Islam. Im Judentum gibt es nicht nur die Zehn Gebote, sondern eine große Zahl weiterer Vorschriften (Halacha), und auch im Islam gibt es neben den Fünf Säulen eine große Zahl weiterer Vorschriften (Scharia).

Kompatibilität mit Buddhismus und Gegenwart

Das Gebot der Barmherzigkeit wird zwar im Buddhismus durch den Verstand und im Christentum durch göttliche Offenbarung begründet, spielt jedoch in beiden Religionen eine zentrale Rolle. Beide sind sich einig, dass man kein Leid verursachen soll, andere nicht leiden lassen soll und eine Erlösung von Leid erreicht werden soll. Solange sich Buddhismus und Christentum auf den Kern ihrer Lehre konzentrieren und sich nicht auf Nebenschauplätzen verzetteln, ist mit einem unüberbrückbaren und unversöhnlichen Konflikt zwischen Buddhismus und Christentum nicht zu rechnen. Vielmehr scheint friedliche Koexistenz und gegenseitige Bereicherung möglich.

Das Christentum hat 2000 Jahre bis in die Gegenwart überdauert. Auch wenn es derzeit vielerorts Trends hin zu einer Verweltlichung gibt, ist der Fortbestand des Christentums aber auch weiterhin nicht ernsthaft gefährdet. Der Kern der christlichen Lehre, das Gebot der Nächstenliebe, ist kompatibel mit dem Verstand. Das Wohl anderer positiv zu bewerten und folglich auch etwas dafür zu tun, wird auch vom Verstand geboten, und das wird sich auch nicht ändern.

Weder die Erkenntnis, dass die Erde um die Sonne kreist, noch die Evolutionslehre, noch Meinungsfreiheit und Demokratie, noch die Gleichberechtigung von Mann und Frau, noch die modernen Wissenschaften stellen das Christentum im Kern infrage. Nicht einmal ein Glaube an Wunder und eine Akzeptanz von Kirchenregeln sind letztlich erforderlich für einen Fortbestand des Christentums.

KONFLIKTE UND WANDEL

Evolution

Hegel

Hegel (1770-1831) sah sowohl im Bewusstsein als auch im ganzen Universum alles in einem durch Gegensätze und deren Überwindung angetriebenen Entwicklungsprozess. Indem der Verstand konkrete Sachverhalte und deren systemischen Kontext aus unterschiedlichsten Perspektiven betrachtet, gelangt er meist recht schnell zu widersprüchlichen Ansichten in Form von Thesen und Antithesen. Der Verstand reagiert darauf, indem er sich bemüht, die Widersprüche aufzulösen und in einem kohärenten Gesamtbild, in einer einheitlichen, integrierten Gesamtvorstellung und somit in einer Synthese aufzuheben. Für Hegel bedeutet ein solches Eingliedern von widersprüchlichen Ansichten in ein harmonisches Gedankengebäude ein Arbeiten an Bildung und Fortschritt. Geistige Evolution durch dialektisches Nachdenken über Gegensätze und Widersprüche ist für ihn der entscheidende Motor der Menschheitsentwicklung.

Darwin

Darwin (1809-1882) war der wohl wichtigste unter den Vordenkern der Evolutionsbiologie. Die Evolutionslehre besagt, dass es im Verlauf sehr langer Zeiträume über eine Vielzahl von Generationen hinweg kontinuierlich zu graduellen Veränderungen der auf der Erde lebenden biologischen Arten kommt. Dabei können sich Erscheinungsmerkmale einzelner Arten ändern, eine Art kann sich in mehrere Arten aufspalten, oder einzelne Arten können komplett ausstreben. Im Zuge der Evolutionsgeschichte stammen alle unterschiedlichen Lebensformen letztlich von gemeinsamen Vorfahren ab. Entscheidender Mechanismus hinter der Evolution ist Selektion. Manche Erscheinungsmerkmale biologischer Arten erweisen sich in Abhängigkeit von jeweils herrschenden Umweltfaktoren als lebensfähiger und vermehrungsfähiger als andere. Wer überlebt, hängt aber nicht nur von Konkurrenz, sondern auch von wechselseitigen positiven Einflüssen ab. Eine solche Selektion, im Zuge derer sich einige Lebewesen stärker fortpflanzen als andere, findet in der Natur ständig statt, sie kann aber auch vom Menschen in Form von Züchtung künstlich herbeigeführt werden.

Die Verankerung und Bestätigung der Evolutionslehre auf Grundlage moderner Genetik erfolgte erst nach Darwin. Unterschiede im Erscheinungsbild verschiedener Exemplare derselben biologischen Art, zum Beispiel hinsichtlich der Körpergröße, werden zum Teil durch kleine, mehr oder weniger zufällige Mutationen in den Genen bestimmt, die vererbbar sind.

Einzelliges Leben gab es schon vor Milliarden von Jahren. Erste Säugetiere entwickelten sich vor ca. 200 Millionen Jahren. Die Dinosaurier starben vor ca. 65 Millionen Jahren aus, und heute bedroht der moderne Mensch, der vor ca. 200.000 Jahren in Afrika durch Abspaltung von einer inzwischen untergegangenen Menschenform entstanden ist, das Überleben vieler Arten.

Demokratie

Auch Demokratie beruht auf dem Vorliegen von Unterschieden und Wandel. Ohne dass es eine Regierung und eine Opposition gibt und ohne dass gelegentlich in Folge allgemeiner Wahlen Personen und Parteien von der Opposition in die Regierung wechseln und umgekehrt, kann von einer funktionierenden Demokratie nicht die Rede sein. Ein Regime, in dem es nur gleichgeschaltete Parteien, keine allgemeine Wahlfreiheit und keine Regierungswechsel gibt, kann zwar theoretisch den Volkswillen repräsentieren, es fehlt ihm aber die praktische, nachvollziehbare Legitimation durch das Volk. Eine echte Herrschaft des Volkes liegt nur vor, wenn es Strukturen und Instrumente gibt, die es dem Volk erlauben, seine Herrschaft auch tatsächlich auszuüben.

Wenn eine Demokratie langfristig stabil ist, eröffnet sie gute Chancen auf wachsenden Wohlstand für die in ihr lebenden Bürger. Denn durch neue, fortschrittliche Ideen erlangt eine Partei nicht nur einen Wettbewerbsvorteil gegenüber anderen Parteien, sondern es entsteht auch ein Nutzen für die Allgemeinheit. Auch entwickelt sich zu manchen Fragen, die zunächst kontrovers diskutiert werden, mit der Zeit ein Konsens, sodass eine neue Regierung typischerweise keine vollständige Rückabwicklung der Arbeit der alten Regierung betreibt, sondern zumindest teilweise auf der Arbeit der Vorgänger aufbaut. Dem Gemeinwohl verpflichtete Strukturen wie Rechtsstaat, Sozialstaat, Infrastruktur, Bildungswesen und Schutz innerer wie äußerer Sicherheit werden so schrittweise auf friedlichem Weg ausgebaut und verbessert, und es wird die Freiheit bewahrt, dass jeder Einzelne weitgehend selbstbestimmt seines Glückes Schmied sein kann.

In Diktaturen hingegen erschweren Einschränkungen von Ideenwettbewerb und Eigeninitiative sowie Risiken großer Reibungsverluste bei Machtübergängen Fortschritte beim Gemeinwohl.

Revolution

Marx

Marx (1818-1883) war von Hegel beeinflusst. Während für Hegel Widersprüche zwischen Ideen zu deren Aufhebung in Form von Synthesen und so zu einer Weiterentwicklung der Menschheit führen, stehen für Marx die materiellen Gegensätze zwischen Arm und Reich im Vordergrund. Er geht davon aus, dass es zwangsläufig zu einem Kampf der Klassen mit einem Sieg des Proletariats über die Bourgeoisie und einem revolutionären Wandel hin zu einer neuen, kommunistischen Gesellschaftsordnung kommen muss. Der dialektische Materialismus von Marx gründet sich auf die großen sozialen Unterschiede zwischen den Kapitalisten, die als Privateigentümer der Produktionsmittel die Profite anhäufen, und den Arbeitern, die geknechtet und ausgebeutet werden und verelenden. Neben dem Kapitalismus attackiert Marx auch die Religion und kritisiert an ihr, dass sie die Armen lediglich in ihrem Elend tröstet, aber positive Veränderungen blockiert. Marx prophezeit als Ergebnis des Klassenkampfs einen gewaltsamen Umsturz, im Zuge dessen die gesamte bisherige Ordnung hinweggefegt wird, die Produktionsmittel vergesellschaftet werden und eine klassenlose Gesellschaft zum Wohle aller verwirklicht wird.

Nietzsche

Nietzsche (1844-1900) hatte neben einer umfangreichen Bildung einen großen Freiheitsdrang und viel Fantasie. Im Laufe seines Schaffens nahmen seine Vorstellungen immer revolutionärere Züge an. Dabei ging es ihm allerdings nicht primär um eine gesellschaftliche Revolution, sondern vorrangig um eine Revolution im Bewusstsein der Individuen.

Mit zunehmender Polemik formuliert Nietzsche radikale Kritik am Christentum und an kirchlichen Moralvorstellungen, die er einer lebensverneinenden Grundhaltung und einer Erniedrigung und Entmündigung der Menschen bezichtigt. Er geht so weit, Anteilnahme am Leid anderer als eine Vermehrung von Leid abzulehnen.

Nietzsche ist grundsätzlich skeptisch gegenüber allen herrschenden Vorstellungen. Für ihn sind Vorstellungen immer davon abhängig, aus welcher Perspektive und auf Basis welcher Vorurteile sie gebildet wurden. Jenseits herrschender Vorstellungen gibt es für ihn immer auch andere Möglichkeiten.

Auf Basis seiner radikalen Skepsis und Kritik gegenüber allem Bestehenden entfaltet Nietzsche eine Lehre, die maximale Lebensbejahung, Freude und Mitfreude, die Freiheit und den Willen des Einzelnen, Robustheit gegenüber Leid, Überwindung eigener Schwächen und kraftvolles, risikofreudiges Schöpfertum in den Mittelpunkt stellt.

Totalitarismus

Auch die Errichtung eines totalitären Staatssystems hat revolutionäre Züge. Prägend für ein solches System ist eine Ideologie, die von den Herrschenden zur alleinigen Richtschnur für alle Bereiche des menschlichen Lebens erhoben wird. Es kommt zu einer Beseitigung jeder echten demokratischen Wahlfreiheit, einer Missachtung von Menschenwürde und Menschenrechten, einer Unterdrückung individueller Freiheit und Privatsphäre, Kollektivismus, Zensur und Gleichschaltung sämtlicher Medien, Propaganda und Indoktrination, Bespitzelung der Menschen, Demonstrationen von Macht und roher, mitleidloser Willkür sowie zu innerer oder äußerer Kriegsführung gegen alles, was das Regime als abweichend und damit als feindlich ansieht. Historische Beispiele für Totalitarismus waren insbesondere der Nationalsozialismus in Deutschland, der Kommunismus im Ostblock und die Herrschaft von Mao in China. Das Ende totalitärer Systeme vollzieht sich oft als Zusammenbruch und hat damit selbst revolutionäre Züge. Totalitäre Systeme gelten nach ihrem Untergang typischerweise als diskreditiert, und die Verantwortlichen dieser Systeme gelten als Verbrecher. Erinnerungen an untergegangene totalitäre Systeme sind für die meisten eine Ermahnung, dass sich derartiges keinesfalls wiederholen sollte.

WEITERE PHILOSOPHIEN

Antike

Mythen
Mythen sind Geschichten, die eine umfassende, zusammenhängende, sinnstiftende Perspektive auf das Universum und das darin stattfindende Leben der Menschen bieten. Die Entstehung des Universums und der Menschheit sowie die Vernetzungen zwischen Universum, Natur und Menschheit stehen im Mittelpunkt. Dabei werden göttliche, heroische, menschliche, tierähnliche, ungeheuerliche und geisterhafte Figuren beschrieben, die nicht selten familiär untereinander verbunden sind und bisweilen ziemlich wild und roh miteinander interagieren. Mythen sind meist über längere Zeiträume gewachsene populäre Überlieferungen und nicht so sehr das Produkt einzelner prominenter Denker, die in Mythen eher Hirngespinste, Aberglauben und Vorurteile sehen. Verstandesgemäße Einsichten werden in Mythen eher

implizit und symbolhaft angedeutet und nicht explizit und logisch hergeleitet. Mythen bieten Anhaltspunkte für gemeinschaftliche Rituale wie Feste, Opfergaben, Orakel, Zauberei und Schamanismus, aber auch Leitbilder für die Ausrichtung der alltäglichen Lebenspraxis. Obwohl sie oft scharfer verstandesgemäßer Kritik ausgesetzt sind, gibt es sie in nahezu allen Kulturen, und sie haben nicht selten erhebliche praktische Bedeutung.

Zu den großen mythischen Systemen gehören neben vielen anderen die nordisch-germanischen Mythen, die altägyptischen Mythen und die griechisch-römischen Mythen. In den nordisch-germanischen Mythen gibt es Odin (auch Wotan genannt) als dämonisch-kriegerischen Hauptgott, den Donnergott Thor, aber auch Siegfried, den Drachentöter. In den altägyptischen Mythen finden sich der Sonnengott Re, die mütterliche Göttin Isis und der Totengott Osiris. In den griechisch-römischen Mythen agieren der Hauptgott Zeus (römisch Jupiter), sein Vater Kronos (römisch Saturn), die Liebesgöttin Aphrodite (römisch Venus), der Kriegsgott Ares (römisch Mars), der Götterbote Hermes (römisch Merkur) neben Helden wie Achill, Odysseus und Ikarus und Ungeheuern wie Hydra, den Zentauren und den Zyklopen.

Antike Philosophien
Erste Ansätze für wissenschaftliche Erklärungen realer Phänomene und erste Grundlagen der Mathematik gab es in der griechischen Antike unter anderem bei Thales und Pythagoras. Im 5. Jahrhundert v. Chr. festigten sich dann in Athen unter Perikles demokratische Strukturen, und Individualität und freies Denken genossen zunehmend Respekt.

Ein erstes großes Vorbild für eigenständiges, mündiges und kritisches Denken war Sokrates (ca. 469-399 v. Chr.). Sein

Schüler Platon (ca. 427-347 v. Chr.) vertrat unter anderem die Lehre, dass sich in den konkreten vergänglichen Phänomenen abstrakte ewige Ideen widerspiegeln, die der Mensch zwar erkennen kann, die aber eine von einer Erschaffung durch den Menschen unabhängige eigenständige Existenz haben. Aristoteles (384-322 v. Chr.) war zwar langjähriger persönlicher Schüler Platons, lehnte aber dessen Ideenlehre ab. Im Stile eines Universalgelehrten sammelte und ordnete er mit großem Eifer eine riesige Fülle empirischer Beobachtungen quer durch sämtliche Bereiche von Natur und Gesellschaft. Auch mit Logik beschäftigte er sich intensiv. Mit seinem Wirken trug er maßgeblich zur Grundsteinlegung für Forschung und Wissenschaft bei, und nebenbei war er auch noch persönlicher Lehrer Alexanders in dessen Jugend.

In der Zeit nach Aristoteles entstanden in Griechenland als drei wichtige philosophische Schulen die Stoa, die Epikureer und die Skeptiker. Die Stoa ist (wie bereits erwähnt) ausgerichtet auf eine Herrschaft des Verstands, eine Mäßigung des Egoismus, Pflichterfüllung gegenüber der Gemeinschaft, Schicksalsergebenheit und ein Streben nach Harmonie zwischen dem eigenen Ich und dem Universum. Auch die Epikureer streben nach innerem Frieden, sehen als geeigneten Weg dorthin aber Genuss, Lust, Vermeidung von Schmerz, Freiheit der Lebensführung, Ablehnung von Gottesfurcht und Distanz zur Politik. Und auch den Skeptikern geht es um inneren Frieden, sie sehen den Weg dorthin allerdings in einer strikten Ablehnung von Vorurteilen und Glauben, einem eher an Wahrscheinlichkeiten als an Gewissheiten orientierten Denken und einer kritische Haltung gegenüber einseitigen Urteilen.

In der Spätantike (ca. 280-560) spielte Platons Philosophie eine große Rolle. Wesentliche Züge von Platons Denken erwiesen sich als kompatibel mit dem Christentum und wurden durch Kirchenväter wie Augustinus in das Christentum integriert, wodurch die Grundlage für die christlich geprägte Philosophie des Mittelalters entstand.

Neuzeit

Neuzeitliche Philosophien
Neben Kant, Hegel, Schopenhauer, Marx, Nietzsche und Heidegger (die bereits erwähnt wurden) umfasst das Spektrum neuzeitlicher Philosophien noch viele weitere Strömungen und Protagonisten.
Die Renaissance (1400-1600) war geprägt durch ein Aufgreifen und Nachahmen von Vorbildern aus der griechischen und römischen Antike, ein Aufblühen von Kunst, Kreativität und Erfindungsgeist, große Entdeckungsreisen, einen Aufschwung von Fernhandel, Städten und Kreditwesen, eine auf den Menschen als Mittelpunkt und Maßstab ausgerichtete Weltsicht, das Ideal einer universalen geistigen und körperlichen Bildung, ein wachsendes individuelles Selbstvertrauen und eine Individualisierung des Lebensstils, ein um klare Proportionen bemühtes Schönheitsideal, die Gründung und den Aufstieg von Universitäten, ein Studium des menschlichen Körpers und der Natur, die Einführung des modernen Buchdrucks und die Reformation (1517). Wichtige Figuren der Renaissance waren unter anderem Leonardo, Erasmus, Machiavelli, Dürer und Shakespeare.
Die Aufklärung (1650-1800) war gekennzeichnet durch das Ideal eines mündigen, sich seines Verstands bedienenden, selbstständig denkenden Menschen, die Aufforderung zur kritischen Prüfung aller Vorstellungen, eine Ablehnung von Vorurteilen und Dogmen, eine zunehmende Wissenschaftlich-

keit, Plädoyers für Toleranz, für individuelle Handlungsfreiheit, für unantastbare Menschen- und Bürgerrechte, für gemeinwohlorientierte Staatstätigkeit und für Demokratie sowie durch ein Vertrauen auf technischen, wirtschaftlichen und politischen Fortschritt und ein Bekenntnis zu Privateigentum und Marktwirtschaft. Die Aufklärung war geistiger Nährboden für die Amerikanische Revolution (1776) und die Französische Revolution (1789). Zu den Aufklärern gehören neben Kant auch Newton, Leibniz, Voltaire, Hume, Rousseau und Adam Smith.

Im 20. Jahrhundert gibt es als wichtige philosophische Strömungen die Existenzphilosophie (mit Heidegger), die Psychologie (mit Freud), die Wissenschaftsphilosophie (mit Popper) und die Sprachphilosophie (mit Wittgenstein). In der Wissenschaftsphilosophie geht es um Verifizierbarkeit und Falsifizierbarkeit von Theorien, die Rolle von Definitionen und empirischen Überprüfungen, die Kompatibilität und praktische Nützlichkeit von Theorien, die Bedingtheit von Theorien durch soziale und ideologische Einflüsse sowie um Grundlagen von Logik und Statistik. Die Sprachphilosophie betrachtet das Verhältnis von Sprache zu Bewusstsein, Denken, Verstehen, Wirklichkeit und Handeln, die Analyse von Begriffen und Aussagen durch deren Dekonstruktion in Bedeutungsbestandteile sowie die Entstehung von Sprache im Kontext von Zeichen, Signalen und Kommunikation.

Moderne und Postmoderne

Zu den prägenden Phänomenen der Moderne von etwa 1918 bis in die 1970er Jahre gehören allgemeiner Straßen- und Luftverkehr, Raumfahrt und Mondlandung, Atomkraft und Atombomben, Fließbänder, Organtransplantationen sowie Wolkenkratzer, Großwohnsiedlungen und andere Großbauwerke. Kennzeichen dieser Phase sind eine starke Ausrichtung auf Funktionalität und Effektivität, ein Glaube an grenzenlosen technischen Fortschritt und spektakuläre Ingenieursleistungen.

Mit Beginn der Postmoderne um 1980 traten andere Phänomene in den Vordergrund: Computer, Internet, Mobilfunk, eine Koexistenz und Vermischung verschiedener Stilrichtungen und Lebensstile, eine Erweiterung individueller Wahlmöglichkeiten, Toleranz, Multi-Kulti, Naturschutz, Verbraucherschutz, Datenschutz, Globalisierung, Migration, Basisdemokratie und Bürgerbeteiligung. Die Postmoderne ist geprägt durch eine Orientierung auf Vielfalt, Pluralismus, Mobilität und Multioptionalität.

Inzwischen gibt es allerdings Anzeichen, dass wieder eine neue Phase beginnt, in der sich die Menschen zunehmend in impulsiver, beliebiger Weise blitzartig durch faktenfreie Kurznachrichten und virtuelle Kurzkontakte klicken und kaum nach die Konzentration und Ausdauer aufbringen, reale Probleme zu lösen. Wenn man sich in derselben impulsiven, beliebigen Weise dann auch durch künstliche Intelligenzen und Roboter klickt, kann das durchaus massive unvorhergesehene Folgen haben.

SCHLUSS

In Anbetracht des Gesamtbilds der Inhalte dieses Buchs ergeben sich einige zusammenfassende Folgerungen: Mit dem Verstand können wir uns einen Überblick über Ursachen und Wirkungen und über geeignete Bedingungen für Wohlergehen verschaffen. Harmonie und Gemeinwohl erweisen sich dabei als tragfähige Leitmotive für Wohlergehen. Wohlergehen erfordert, dass wir im Einklang mit unserem Verstand, unserem Körper und unserer Umwelt leben. Innere Harmonie in unserem Bewusstsein erfordert äußere Harmonie zwischen unserem Bewusstsein und allem, was unser Bewusstsein umgibt. Zu den Wegen für äußere und damit auch innere Harmonie gehören insbesondere Wahrnehmen, Denken, Intuition, eine Erweiterung der eigenen Perspektive, Gesundheitsbewusstsein, Gesundheitsförderung, Wertschätzen, Unschuld, eigene Weiterentwicklung, tugendhaftes Auftreten, Produktivität, Kreativität und Altruismus.

Dies entspricht durchaus dem geistesgeschichtlichen Mainstream. Aber erst im Zuge eigenständigen Denkens spürt man, wie man durch sein Denken zu bestimmten Auffassungen geführt wird.

Über die Inhalte dieses Buchs kann man weiter nachdenken, auch kritisch nachdenken. Einer weiteren Entfaltung der dargestellten Sicht steht nichts im Weg. Und falls dieses Buch andere dazu inspiriert, eine eigene, alternative Sicht auf Werte und Wege für ein positives Leben zu formulieren, umso besser.